经典悦读
系列丛书珍藏版

共产主义的原貌

——马克思《1844年经济学哲学手稿》如是读

陈培永◎著

SPM
南方传媒 | 广东人民出版社
·广州·

图书在版编目（CIP）数据

共产主义的原貌：马克思《1844 年经济学哲学手稿》如是读／陈培永著. —广州：广东人民出版社，2016.6（2024.4 重印）

（经典悦读系列丛书）

ISBN 978-7-218-10844-5

Ⅰ.①共… Ⅱ.①陈… Ⅲ.①《1844 年经济学哲学手稿》—马克思著作研究 Ⅳ.①A811.21

中国版本图书馆 CIP 数据核字（2016）第 091394 号

GONGCHANZHUYI DE YUANMAO——MAKESI《1844 NIAN JINGJIXUE ZHEXUE SHOUGAO》RUSHI DU

共产主义的原貌——马克思《1844 年经济学哲学手稿》如是读

陈培永　著

出 版 人：肖风华

出版统筹：卢雪华
选题策划：卢家明　曾玉寒
责任编辑：曾玉寒　李宜励
封面设计：李桢涛
插画绘图：李新慧
责任技编：吴彦斌

出版发行　广东人民出版社
地　　址：广州市越秀区大沙头四马路 10 号（邮政编码：510199）
电　　话：（020）85716809（总编室）
传　　真：（020）83289585
网　　址：http://www.gdpph.com
印　　刷：广州市豪威彩色印务有限公司
开　　本：787 毫米×1092 毫米　1/32
印　　张：4.875　字　数：90 千
版　　次：2016 年 6 月第 1 版
印　　次：2024 年 4 月第 7 次印刷
定　　价：26.00 元

如发现印装质量问题，影响阅读，请与出版社（020-85716849）联系调换。
售书热线：020-87716172

目录

导言 究竟什么是共产主义？

有些美好的词语，可能会在某段时间里，经常出现在我们的生活里，我们的脑海里，我们的歌声里。但随着时光流逝，时过境迁，它们可能又会被遗忘，会被质疑，甚至会被某些人的无知所侮辱。

非常可惜的是，"共产主义"在中国就经历了这样的遭遇！

曾几何时，它如此富有吸引力，我们激情昂扬地为之奋斗，不吝惜用最美好的语言形容它，我们甚至相信离它只有一步之遥！好像经历了一场反转剧，在今天一些人的心目中，它不再享有崇高的地位，不再值得奋斗，它似乎只是海市蜃楼，如今渐渐变得模糊，已在千里之外。

究竟什么是共产主义？它还能实现吗？还值得我们去奋斗吗？不是问题的问题成了问题，无疑令人沮丧。但问题总得要面对，总得要回答，不然，美好的事物就会被流言蜚语一点点吞噬。

共产主义就是"楼上楼下，电灯电话"，就是"土豆烧牛肉"，曾经我们的理解如此单纯。如果是这样，我们完全可以自信地说，它已经实现了。共产主义当然不仅限于此，不能怪它本身有问题，应该怪我们以前想得太简单了。但不能否定的是，这样简单的美好想象曾给当时的人们带来了不可想象的精神力量，那些认为如此界说是得了幼稚病的人，无视了它的历史影响。

今天的我们已经回不去了，我们需要重新理解共产主义的丰富内涵，重新走进它，重新拥抱它！只有傲慢无知的人才停留在过去，傻傻地将批判的矛头对准它，埋怨共产主义欺骗了自己，甚至还以幽了共产主义一默而沾沾自喜。

我们会发现，我们经常讲到的共产主义，其实并不真的懂！到头来，我们嘲笑的不是共产主义，而是自己的无知！我们总是在道听途说，总是在凭空想象，怎么可能把握共产主义的真谛？一个对共产主义不甚了解的人，又有什么资格去嘲笑它呢？

日常生活中讲到的"共产主义"四个字，其实有不同的指谓，在不同的场景下，我们会突出它的

某个方面:

　　一种学说,批判资本主义、追求美好社会的理论学说;

　　一种社会,彻底解决人与自然、人与人之间对抗的理想社会形态;

　　一种制度,消灭分工、阶级、国家,实行各尽所能、按需分配的全新制度;

　　一种信仰,值得奋斗、值得追求的政治信仰、社会信仰;

　　一种运动,不断变革现存状况的现实的运动;

　　一道药方,解决资本逻辑和资本运作的问题的药方……

　　共产主义绝不是一句话两句话就能讲清楚的。如果我们不想肤浅地在那儿谈论它,如果我们想拨开内心深处积攒很久的思想迷雾,我们就应该原原本本地读读关于共产主义的文献。

　　共产主义思想的"原生形态"就在这里。摆在我们面前的《1844年经济学哲学手稿》,是马克思最早阐述共产主义思想的文献,是我们看清共产主义原貌的最佳文本。我们会在其中发现,共产主义是治病的,是治社会之病的。而社会的疾病有很多，最根本的则有两种，一种是"异化劳动"，另一种是"私有财产"，这两种病交叉感染，让人不能成为"健康"的人，不能成为完全占有人的本质的人。

扬弃异化劳动，扬弃私有财产，实现人对人的本质的完全占有，这是共产主义运动要达到的效果。让我们跟随马克思，去弄清楚异化劳动的秘密，去搞明白私有财产的秘密，去思考如何才叫人的本质的完全占有。

如此，我们定然会了解一个不同的共产主义，我们会有全新的理解，会由熟知走向真知，会由贫乏走向丰富，会由怀疑走向坚信！

☞ **经典地位**

《1844年经济学哲学手稿》（以下简称《手稿》）是马克思1844年4月至8月在法国巴黎撰写的未完成的手稿，在他生前并未付梓，直到1932年才被整理出版，随即引起巨大反响，成为马克思早期最重要、影响最大的著作之一，引发了声势浩大的"西方马克思主义"思潮。在《手稿》中，青

年马克思第一次将哲学、政治经济学与共产主义理
论结合起来，剖析了资本主义经济制度和资产阶级
国民经济学存在的问题，完整地提出了自己的异化
劳动理论，说明了私有财产必然会带来的恶果，批
判分析了当时形形色色的共产主义观点，系统论述
了自己的共产主义理论。

《手稿》也是马克思主义研究史上最富争议的
文本。国外学界形成了截然对立的观点，一种观点
认为《手稿》只是马克思不成熟的著作，另一种观
点则认为它是马克思最重要的著作，之后的著作并
没有超越《手稿》的思想水平。西方马克思主义者
还制造了"两个马克思"的对立：早期的马克思以
人道主义异化理论为核心，是一个"人道主义的马
克思"；成熟期的马克思以经济学为核心，是一个
"科学的马克思"。"人道主义的马克思是马克思学
说中的最高峰，而《资本论》时期以后的马克思则
是'停滞'与'衰退'的马克思。" 20 世纪 80 年
代，我国也曾围绕《手稿》就"异化和人道主义"
问题进行了激烈论争，也算是不小的理论事件。

一、异化劳动的形式否定

异化既表现为我的生活资料属于别人，我所希望的东西是我不能得到的、别人的占有物；也表现为每个事物本身都是不同于它本身的另一个东西，我的活动是另一个东西，而最后，——这也适用于资本家，——则表现为一种非人的力量统治一切。

1

我们经常有意无意地使用马克思常用的词汇表达我们的处境，如果要来个使用次数排行榜的话，"异化"这个词应该会名列前茅。尽管很多人并不是很确切地知道"异化"到底何意，但也经常会抱怨：整天干异化劳动，已经完全被异化了。

"异化"在马克思的理论中，与"共产主义"

的关系很密切，只是我们现在很少将它们放在一起使用。共产主义的最早论述离不开对异化劳动的分析。

什么叫异化劳动呢？简单说，就是劳动的异化，就是劳动的异己化，就是你作为劳动者，你的劳动过程、你的劳动产品、你在劳动过程中与他人结成的关系，本来都是属于你的，但在一定社会条件下，却会成为外在于你的力量，成为你没办法把控、拥有、主导的外在对象。

人活着，总要从事劳动，劳动代表着我们生命的力量。人的生命的力量通过劳动由内到外显示出来，这就是"外化"的过程。劳动的外化过程，结果是生成特定的产物、成果或对象，外化过程因此也成为"对象化"的过程。

人的劳动的外化和对象化，不一定就是异化。但如果外化的结果，对象化的对象，不再属于劳动者本人，劳动者失控了，那外化和对象化就变成了异化。

外化、对象化、异化，三个简单的词，如果不好好体会，还真有可能被绕晕。哲学有时候需要创造概念，或者需要赋予概念以新的内涵，用其作为构筑整个理论体系的基本工具，如果把握不住这些基本工具，我们就注定走不进哲学家的理念世界。

异化劳动从形式上看是描述"工人"的劳动状况的，是从资本主义生产关系中的劳动者的角度去讲的。有人暗自庆幸，我不是工人，我没有异化。

马克思要说的是，凡是在工人那里表现为外化的、异化的活动的东西，在非工人那里都表现为外化的、异化的状态。异化绝不仅仅是某些人的异化，不仅仅是工人，甚至连资本家也是异化的。

在资本逻辑当道的社会条件下，每个人都是按照他作为工人所具有的那种尺度和关系来观察他人的，都是从工人的角度去看问题的，都在想如何挣得更多的工资，占有更多的财富，获得更多的享受。

覆巢之下，安有完卵。资本逻辑把所有的人牢牢锁住，人生下来，就要进入这种生产关系中，就要从事异化劳动，就要为获得更多的财富而苦恼。只不过苦恼的内容不同，有人为他的生存而苦恼，有人则为他的已有钱财如何再生钱而苦恼。

你没办法选择，生产关系已经注定，你只能努力选择成为关系中的哪一方，即资本家或者工人。

就像游戏规则已经设定，你只能选择当哪个角色，而无论当哪个角色，你都必须遵守设计师早就设计好的游戏规则。

在马克思看来，工人不是真正意义上的人，工人没有达到人的高度，资本家同样如此，也没有达到人的高度。人分成资本家和工人，这种社会就注定让现实的人难以成为真正的人。

人不是生而为人，必须面对如何成为人的尴尬局面，而且残酷的现实是，特定生产方式、社会形态早已注定人没有可能成为人。人要想成为人，除了人自己主观上要努力，客观上还要改变特定的生产方式和社会形态。

真正的唯物主义者很明白，只搞心灵鸡汤是不够的，必须面对现实。

2

异化劳动的第一个规定，人的劳动产品同人相异化。

劳动产品是劳动对象化的结果，就本质而言就是人的"物化的劳动"，是人的体力和智力的结晶，人不是生而为人，必须面对如何成为人的尴尬局面，而且残酷的现实是，特定生产方式、社会形态早已注定人没有可能成为人。

人不是生而为人

是人的生命力量的产物。但劳动产品一旦生产出来，就可能会作为一种"异己的存在物"，作为"不依赖于生产者的力量"，成为不依赖于人、不属于人、反过来还压制人的东西。

似乎是天经地义的道理，一个人劳动得越多、越好，生产的产品越多，得到的财富也就应该越多。所以，你要想获得更多，就必须勤奋，像打鸡血似的工作。三更灯火五更鸡，正是男儿读书时，一大早摸黑出发，晚上八点赶回家，人们应该享受更多的财富啊，这是再自然不过的事情。

但事情可能远不如此。你生产的产品多，不代表你收获的东西就多。你创造的东西多，不一定是归你所有，归你所消费。法国哲学家萨特有句精彩的话，哲学家们建造的是理念的宫殿，住的却是茅屋。我们可以套用一下，工人建造的是实实在在的高楼大厦，自己却有可能住在简陋的出租房里。这个层面的意思，马克思已经表达得很透彻：

　　劳动为富人生产了奇迹般的东西，但是为工人生产了赤贫。劳动生产了宫殿，但是给工人生产了棚舍。劳动生产了美，但是使工人变成畸形。劳动用机器代替了手工劳动，但是使一部分工人回到野蛮的劳动，并使另一部分工人变成机器。劳动生产了智慧，但是给工人生产了愚钝和痴呆。

为什么会如此？

因为在资本主义生产关系下，劳动力是被资本方购买的，工人的劳动是资本运作的一部分。人不是为自己劳动，而是为资本方劳动，他能收获的只能是生产出来的一小部分。

而且，劳动产品会被利用，会被资本吸纳，不断地为资本添砖加瓦，成为资本积累的要素。所以，劳动者生产的产品越多，资本实力就会越雄厚，人就会越来越离不开资本，受到资本的统治。

这是一种恶性的循环，人必须劳动，但一旦劳动，他的劳动产物就不再是他自身的东西，而成为与它对立的独立力量。他在劳动中耗费的力量越大，生产的对象越多，就越亲手创造出更强大的反对自身的、异己的力量。

更为悲哀的是，劳动生产的不仅是商品，它还生产作为商品的工人自身。劳动者本人成了商品，成为可以被购买的劳动力商品，成为"物"。所以，我们会明白，马克思为什么会认为工人不是人，因为工人是作为商品，而不是作为人出现的。

说点让人很不舒服的话，当你沉浸在有机会享用琳琅满目的商品的喜悦时，你有没有意识到你本身也是商品，也有可能被别人所享用，这个时候，你还笑得出来吗？

3

异化劳动的第二个规定，人的劳动活动同人相异化。

异化不仅表现在劳动的结果上，还表现在劳动活动本身中，表现在劳动的过程中。也正是因为劳动过程本身是异化的，人的劳动产品才会同人相异化。

劳动过程本身的异化表现在，劳动不是劳动者自主的活动，不是他能够支配的活动。有句广告词叫"我的地盘我做主"，但异化劳动偏要告诉你，你的"地盘"你做不了主。生产商品的现代劳动形式，技术、机器、管理越来越进步，分工越来越精

人的商品化

细，劳动者就变得越来越片面化。他们从事着极其片面的、机器般的劳动，只需要每天装一个零件，钉一个纽扣，或者盯着一台自动运转机器，他不需要多高的技能，只需要简单的重复。

整个劳动过程就像一个庞大的迷宫，身在其中的人搞不懂它的全景，只能在这个自主运转的迷宫中"迷失"。当然还有极少数人能够掌控这个迷宫，他们在迷宫之外用监视器看着其中的劳动者，他们并不想告诉身在其中的人，反而利用其中的人的无知来运作。

人还必须从事这样的劳动，不从事这样的劳动，他没办法生存。这种劳动不是自愿的劳动，而是谋生的劳动，被强迫的劳动。人在这样的劳动中不是肯定自己，而是否定自己；不是感到幸福，而是感到不幸；不是自由地发挥体力和智力，而是使肉体受折磨、精神遭摧残。

人们没办法在劳动中找到自己的人生价值，只有在劳动之外才感到自在，在不劳动时才觉得舒畅。所以人们总是寻找一切机会能不劳动就不劳动，如果条件允许的话，他会像逃避瘟疫那样逃避工作。工作的不如意，很容易让"世界那么大，我想去看看"的辞职信引起共鸣。但想到"钱包那么小，谁都走不了"，又未免让人无奈。

工作中无自由、无价值、无意义，人就只有在不劳动时寻求自由和愉悦。我们总盘算下班后做点什么，总想着赶快放假，总打算到处去旅游，这些就是其中的表现。结果是，人在吃、喝、生殖等的时候，才能感受到人的愉悦和自由。但吃、喝、生殖这些活动只是人的"动物机能"，因为动物也从事这些活动。

劳动才是人区分于动物的机能，但在运用"真正的人的机能"时，人总觉得自己不像人，觉得像动物一样，觉得受苦受累。于是，发生的颠倒是，"动物的东西成为人的东西，而人的东西成为动物的东西"。这就是人的劳动活动同人相异化的结果。

4

异化劳动的第三个规定，人的类本质同人相异化。

自由的有意识的劳动是人的生命活动，是人之

劳动才是人区分于动物的机能，但在运用"真正的人的机能"时，人总觉得自己不像人，觉得像动物一样，觉得受苦受累。

真正的人的机能

为人的类本质。人自觉地把自身看作类存在物，与他人进行社会交往，共同过着类生活。

整个自然界是人的直接的生活资料，是人的生命活动的材料和工具。植物、动物、石头、空气、光等作为人的自然科学的对象，作为艺术的对象，是人的生活、活动的一部分，人在肉体上和精神上依靠它们生活。

人通过劳动创造对象世界，改造无机界。正是在劳动这一有意识的生命过程中，自然界才表现为人的作品和他的现实，人才真正地证明自己是类存在物，才真正地把自己的生命活动本身，变成自己意志的和自己意识的对象。

就是在这点上，人同动物的生命活动才直接区别开来。因为动物和自己的生命活动是直接同一的，对自己的生命活动，它们是无意识的，它们不会自觉地把自己的生命活动当成对象。

动物也生产，它们营造巢穴或住所，只生产它们自己或幼仔直接需要的东西，只是在直接的肉体需要的支配下生产。人则不受肉体需要的影响也进行生产，而且，他们懂得，只有不受肉体需要影响的生产，才是真正的人的生产。

动物只生产自身，而人再生产整个自然界，动物的产品直接属于它们的肉体，而人则自由地面对自己的产品。动物只按照它们所属的那个种的尺度和需要来构造，而人却懂得按照任何一个种的尺度来生产，并且懂得按照美的规律来构造。

描绘得太好了，但这只是应然，实然是人的类生活变成维持人的肉体生存的手段。劳动的异化，使人为了肉体的存在和享受，不顾类生活，不顾长远利益，不管人与人的对立，不管人与自然的对立。而如果只顾个人的肉体享受，只满足个人的利益，其实与动物并无差异。

人的自觉意识、人的自由活动、人的类本质，在现实的人身上体现不出来，人的本质在现存的人身上消失了，成了异己的本质。人不再是人，只是形式上是人，实质上却根本达不到人的标准。就像本来出身高贵的人，举手投足间却总是低级趣味一样。

自然界也不是人的无机的身体，自然成为在人之外的、受人摧残的对象，成为人的外在的力量、对立的力量。因为劳动是人与自然的中介，劳动出现了异化，人与自然的统一也就被打破了。人越是通过劳动占有自然界，获得财富，自然界就越受到伤害，人就越是失去它。

有一首高亢的摇滚歌曲《给你一点颜色》，唱出了对这个世界的无奈，唱出了我们失去的珍贵：

为什么天空变成灰色？为什么大地没有绿色？为什么人心不是红色？为什么雪山成了黑色？为什么犀牛没有了角？为什么大象没有了牙？为什么鲨鱼没有了鳍？为什么鸟儿没有了翅膀？

……

为什么沙漠没有绿洲？为什么星星不再闪烁？为什么花儿不再开了？为什么世界没有了颜色？为什么我们知道结果？为什么我们还在挥霍？我们需要停下脚步，该还世界一点颜色！

5

异化劳动的第四个规定，是人同人相异化。

一个人同自己的劳动产品、同自己的劳动活动、同自己的本质的异化，都属于人的自我异化。而人的自我异化必然是通过与他人的现实关系表现出来，它和人与人的异化是同步的。因为一个人与自己的劳动产品、自己的劳动活动的异化关系，必然涉及另一个人对他的劳动产品、对他的劳动关系，涉及另一个人与他的关系。

你与你的劳动产品异化了，就表明不生产它的人占有了它；你与你的劳动活动异化了，就表明与你相异的人控制了你的劳动；你觉得你与自己本身异化了，就表明你的身心被他人所支配了。

道理简单明了，人造出来的东西不会无缘无故地消失，社会似乎也符合能量守恒定律。有人失去，就有人得到；有人买股票赔掉家底，就有人赚得盆满钵满；有人在贫困线以下，就有人位居富豪排行榜前列；有人一路苦逼到底，就有人躺在安乐窝里尽享荣华；等等。

只要还是异化劳动，要达到杜甫"安得广厦千万间，大庇天下寒士俱欢颜"的崇高愿望，注定是不可能的！

是谁让人的劳动异化了呢？肯定不是神，也不是自然界，只能是人自身。不要给人的异化进行神秘化的解释，不要说神的意旨，不要说自然秩序，不要说它们决定了有人就活该异化，就活该一生劳苦、一无所有。

只有人自身才能成为统治人的异己力量。如果劳动产品不属于工人，作为异己的力量同工人相对立，那么肯定是因为这些产品属于工人之外的他人。如果工人的活动对他来说是痛苦，那么这种活动就必然给他人带来享受和乐趣。

工人的劳动生产出一个同劳动疏远的、站在劳动之外的人，也就是资本家。工人与自己劳动的关系，穿插进资本家对这个劳动的关系，工人就被排除出劳动的主人的位置，就不得不听从他人的命令。这就是人与人对立的根源之所在。

人作为类存在物，人与人之间本应和谐相处，共同分享劳动产品，共同管理劳动过程，但劳动的异化却出现了人与人之间的对立、对抗。而且，这种对立的关系通过特定的统治力量来维系，让人很难去改变，让人以为天经地义。

你是不是也认为人与人之间的对立是不可解决的？是不是也认为再好的制度也不能解决人的三六九等问题？是不是也认为社会注定是弱肉强食、优胜劣汰？

你与你的劳动产品异化了，
就表明不生产它的人占有了它；
你与你的劳动活动异化了，
就表明与你相异的人控制了你的劳动；
你觉得你与自己本身异化了，
就表明你的身心被他人所支配了。

人同人的异化

6

劳动的异化只是一个方面，在资本主义生产关系下，受资本逻辑的主导，劳动的异化是前提，是基础，它带来的是经济生活、政治生活、观念生活等所有人的生活领域的异化。

人们在经济生活中的异化表现为劳动的异化，在政治生活中的异化表现为国家作为外在的暴力机器，在观念生活中的异化表现为宗教支配着人的思想。人受自己的劳动产品、受自己构筑的国家机构、受自己萌生的思想观念所统治，归根结底，异化表征的是"一种非人的力量统治一切"。

物的丰富并没有给人类社会带来令人满意的乐观局面。非人的力量的统治，说明的是人们自己的关系、自己生命的力量成为外在于人的"物"，人被自己的力量、自己的关系所压倒。

马克思要说的是，人与物的关系并非那么简单，物的丰富不一定代表着人的自由程度的提升。庞大的商品堆积、雄厚的财富积累不一定表现为人类社会的发展，反而有可能带来物对人的包围与支配，人有可能在琳琅满目的物中迷失。

我们面对的，不是神奇的自然力量让人感到神秘、充满敬畏的问题，不是物的匮乏导致人的生存危机的问题，而是"庞大的商品堆积"情形下人却受到人造之物的统治的问题。

马克思还强调，资本是人的劳动外化的结果，却成为一种支配人的权力，它把一部分人变成劳动力商品，变成工人。他们创造的商品越多，他们就越变成廉价的商品，变成可牺牲的无价值的存在物，造成物的世界的增值同人的世界的贬值成正比。

资本还支配着资本家本身。资本家拥有权力，不是由于他个人的或人的特性，而是由于他是资本的所有者，他也没有办法，必须去增殖，必须不断地去扩张，不断地去积累财富。享受财富的资产者生活在一种幻觉中，把财富看作自身的力量，而没有感受到这种财富其实是凌驾于自己之上的完全异己的力量。他们时刻面临着失去财富的威胁，他们的享受必须服从于资本运作，享受也算入资本的费用，因而是次要的事情，是服从于生产的休息。

马克思是站在人的立场上写作的、构思的，

他要批判所有人都异化的社会关系和政治制度。对他来说，一部分人成为从事异化劳动的工人，不仅仅是工人的悲哀，而且是作为整体的人类社会的悲哀。

人的价值表现为人所拥有的财富的价值，人把获取财富作为人生的目标，这是整个社会不是"人"的社会而是"物"的社会的根源，是人不能自由掌控命运的根源，即是非人的物统治一切的根源。

7

异化劳动的问题如此之多，必须找到克服它的方案，共产主义运动承担这一使命。

共产主义不可能不让人劳动，不可能消灭劳动。没有劳动，就没有人的生存与发展。劳动对于人类文明和历史进步意义重大，整个世界历史不外是人通过人的劳动而诞生的过程，人正是通过劳动这种有意识的生命活动创造了社会的全部物质财富和精神财富。

但劳动有内容和形式之分，在一切社会条件

人把获取财富作为人生的目标，这是整个社会不是"人"的社会而是"物"的社会的根源，是人不能自由掌握命运的根源，即是非人的物统治一切的根源。

非人的物的统治

27

下，在一切生产关系中，劳动都有共同的内容，它是人的生命力量的展现，是人从自然中获取财富的方式。但其形式是多样的，会随着社会条件、生产关系的改变而改变，劳动的异化就是它的形式之一。

共产主义要消除的是劳动的异化形式，它是对异化劳动的形式否定，或者说是对异化劳动的积极扬弃。得出这个结论并不难，难的是我们如何想象出非异化的劳动形式？共产主义想要实现的劳动到底应该是什么样的呢？

劳动者应该是人。人不是作为"工人"，而是作为"人"来生产、来劳动。人与人共同主导劳动过程，共享劳动产品，不是为了钱财而劳动，而是为了肯定自己与他人而劳动。这是为了自己同时也是为了别人的劳动。

人的劳动将是自由的生命活动。人能在自己的劳动中感受到生命的力量、感受到生命的价值和尊严、感受到精神的愉悦和享受。人不是被迫去劳动，而是自愿地积极地去劳动，有能力、有机会去劳动将是幸福的事情。

我们把劳动当成休闲、当成娱乐、当成生命中不可或缺的精彩部分，有没有可能实现呢？

不是很容易的事，但至少要去努力，尊重劳动价值、改善劳动环境、提高劳动待遇、共同参与管理、张扬人性关怀，都是我们这个时代可以努力的方向。

有人说过一句很有意思的话：上半生我的生活是工作，下半生我的工作就是生活。可能会有人感叹，我们跟他比还差得远，我们还得继续工作。他总算做到了，可以去享受生活了。实际上，这只是非异化劳动的雏形，还不是非异化劳动的完全实现。

非异化劳动完全实现的判断标准之一，就是没有"工作"和"生活"之分。好像要工作就不能享受生活，要享受生活就必须放弃工作。如果还有两者的区分，就不可能说消除了异化劳动。

我们要努力做到工作就是生活，就是享受，就是精彩，就是愉悦。人还在劳动，但劳动就是人的生活，就是精彩的生活。要实现这一点，社会发展是前提，个人的努力必不可缺。

工作就是生活

☞当代回响

我们的劳动能否成为非异化的劳动?

你从事的劳动是异化的吗?

这个问题会受到某些"专家"质疑,因为总会有人说,"异化"是针对西方资本主义社会而言的,它并不适用于我们,所以,这个问题的答案只能是否定的。

其实,我们没必要把马克思的概念都当成与己无关的事情,总认为马克思是批判那个时代的,批判别人的。这样的话,我们总是过滤了自己,让马克思与我们生活的时代有一墙之隔。我们完全可以转用异化的概念,来分析我们的劳动状况。

我曾去参观过一家生产手机的工厂,看到有一批工人的工作就是盯着主板,焊接一个小东西上去。打听过知道,他们收入不高,每天工作都是12小时以上,而且就干这一件事。我很好奇地偷偷问了两个人:你们知道"异化劳动"吗?

他们没听清楚,什么劳动?我说,异化劳动。

他们很惊讶，什么叫异化劳动？我说，就是你在工作中很累很辛苦，感受不到乐趣，工作时间长，收入还不高。他们说，这个问题没想过，我们是 8 小时工作制，但我们就想多加班，多挣点钱，吃点好的，穿点好的，买个好手机，上上网……

他们并没有感受到我感受到的"异化"。他们过得简单，认为工作就应该是这样，工作辛苦点无所谓，只要能挣到钱就行。我不知道有多少人有这样的想法。

很少有人认为，劳动本身应该是美好的，应该是充满乐趣的，并不是只有在工作后才能去享受舒适。我们容忍了自己劳动的异化，不去想象不异化的劳动，不相信还有非异化的劳动。

我们人为地将生活分成了两个阶段，一个是劳动阶段，一个是生活阶段，前者的特征是辛苦，后者的内容是享受。我们要知道，如果劳动阶段是辛苦的，其实就已经注定生活的享受总是短暂的。

为什么劳动不能成为非异化的劳动，成为体现我们人生价值的、实现我们的理想抱负的、谁都不能阻止我们去干的活动呢？为什么劳动不能成为生命中精彩的一部分？不能成为最享受的、最有激情的、最饱含情感的活动呢?

劳动的条件和环境不断得到改变,这是社会发展必须努力的方向。如果说封建社会最要保证的是权力不可侵犯,资本主义社会最突出的是资本利益至上,社会主义和共产主义社会最应彰显的就是劳动的尊严和荣光。

权力、资本和劳动,三个要素,我们必须首先重视的是劳动,让劳动在社会财富分配中占据更多的份额,让普通劳动者的经济和政治地位得到切实保障,这是国家层面需要贯彻的原则。

作为社会的成员,我们也需要自己创造条件,努力从自己的劳动中得到愉悦。经常有人抱怨自己的工作不好,别人的工作好,总认为自己应该到更好的岗位上,应该获得更多的收入,应该有更好的工作环境,这种想法当然是合理的,但不合理的是总感到不满足,总要得到更多,一得不到满足,就牢骚满腹,消极怠工,把工作当成累赘。

如果放任自己的需要,那么没有满足的时候,就注定只能有烦恼。如果你不喜欢自己的工作,每天睁开眼睛,想到今天又得去上班,就感到烦的话，那么你注定不能感受到工作的乐趣。反过来，你每天睁开眼睛，想到今天又可以去上班，就觉得实在是太好了，你就会享受到劳动的愉悦。什么样的心态，都得工作一天，为什么不选择好的心态呢？

我们要学会感受劳动的非异化，从自己的工作中找到乐趣，找到价值，找到境界。人总不能只追求物质利益，这样人与动物就没有太大的区分，就永远没有满足的时候，我们在工作中找到精神价值，这样就能感受到生命中更多的精彩。

我想给我的读者谈谈自己的工作状态。虽然，我不想我的生活出现在我的作品里，但考虑再三，我还是晒晒自己的幸福，因为真实的我才有说服力。

说实在的，我也很多次感受到工作无意义、无价值，有时候还觉得自己讲了那么多课，说了那么多话，到底有多少人在听？写了那么多字，到底有多少人会看？听了看了以后又有多少人去做？有时候，我甚至觉得写那么多东西干吗，我对得起为这些书的出版而倒下的那片森林吗？

我的劳动

悲观的时候，我总是觉得我工作只是为了混口饭吃。但在读了一些书，也写了几本书，渐渐有了自己的想法后，我从我的授课对象、我的读者那里得到艳羡的眼光。这让我有了成就感、价值感，让我更加努力地去读书，去写作，去授课。

终于明白，你付出了，你就有收获，不仅仅是物质的，还有精神的，精神的收获比物质的收获更大。现在的我从工作中得到愉悦，得到享受。我有时候暗自庆幸，我已经开始从事非异化劳动了，并已经从非异化劳动中感受到特别强烈的获得感。

不止一人对我说，你老是那么辛苦工作干吗呢？实际上，在工作中，在写作中，在讲课中，我并没有辛苦，我是在休闲，我是在生活，我是在享受乐趣！当然，这并不排除，我也在写作中感受到痛苦，写每一本书，我都经历了挫折，有时候愤怒地敲打桌子，有时候甚至气得砸我的书。

痛并快乐着，经历了风雨，才能看到彩虹的美丽！三百六十行，干一行，爱一行，我们就一定会从这一行中感受到非异化劳动的力量！

二、私有财产的积极扬弃

　　私有制使我们变得如此愚蠢而片面，以致一个对象，只有当它为我们所拥有的时候，就是说，当它对我们来说作为资本而存在，或者它被我们直接占有，被我们吃、喝、穿、住等等的时候，简言之，在它被我们使用的时候，才是我们的。

1

　　异化劳动与私有财产有着剪不断、理还乱的关系。到底是先有了异化劳动，还是先有了私有财产，如同到底是鸡先生了蛋，还是蛋先孵成鸡一样，是令人困惑的问题。

　　人从事的劳动一定是外化劳动，但外化劳动不一定是异化劳动，正是因为私有财产出现了，外化劳动才变成了异化劳动。也就是说，没有私有财产出现，也就没有异化劳动。

同样，如果外化劳动不是异化劳动，那就不会有私有财产，只有当外化劳动变成了异化劳动，私有财产才可能会出现。也就是说，没有出现异化劳动，也就没有私有财产。

我们的思考，经常会出现循环论证的问题，不是我们喜欢，而是在经验观察中，现实就是这样的。只有透过表象看到本质，追根溯源，才能避免这样的循环论证。

读马克思的书，令人懊恼的是，经常被他绕晕，能跟上伟大哲学家的步伐，委实不易。当我想通这一点，我有种豁然开朗的感觉。

我们来捋一捋。在人类社会的历史进程中，劳动必然是随着人的出现而出现的，其他的东西都可以没有，人的劳动如同人生活于其中的自然界一样，这个必须有。劳动是最初的，劳动的异化因此也是基础性的，产品、财产只是劳动的产物。

私有财产是外化劳动的后果，也是异化劳动的结果。一定是从劳动的异化开始的，结果是私有财产的确立，根源在于劳动的异化。私有财产是呈现在我们面前的现象，劳动的异化才是本质性问题。

当然，私有财产的出现必然伴随着私有制的确立，而私有制一旦确立，劳动者再去劳动，都注定是异化劳动。私有制使异化劳动成为"常态"，并造成了两者互相确证的经验事实。

所以，马克思认为，可以通过从外化劳动、外化的人、异化劳动、异化的生命、异化的人得出私有财产的概念。他举了一个例子，让我们容易明白异化劳动与私有财产两者的关系，不过，说实在的，读者要想在原文中一下子读懂，也挺费劲的。

马克思总是挑战我们的思维，挑战我们的智商。为了使思维逻辑清晰，智商提高，我们也应该读读他写的东西。他举的是神学的例子：本来，是人类理智的迷误产生了神，神不是人类理智迷误的原因，而只是结果。但神一旦成型，成为被人信奉的东西，它就会使人的理智服从于它，使人的理智出现迷误。

这给人带来的印象是，因为神的存在，因为对神的信仰，才导致了人的理智的迷失。结果是，我们化因为果，化果为因。结果成为原因，原因成为结果。

搞明白，理智迷误等同于劳动的异化，而神等同于私有财产，我们就会明白马克思的用意。

共产主义要扬弃私有财产，要消灭私有制，这在今天是很多人难以理解的事情，也是共产主义受到质疑、遇到挑战的原因所在。

因为我们生活的时代，似乎一切都在成为商品，而商品化伴随的又总是私有化。人的财产神圣不可侵犯，口号响亮。财产权必须确保，任何物权必须得到保障，不能被随意地剥夺。似乎一切都以私有财产作为前提，你说要消除它，怎么可能？你是想随便剥夺他人的财产吗？

我们当然不是，也不可能这样做。扬弃私有财产、消灭私有制，不是剥夺哪个人的财产，而是消灭这种制度，消除这种关系，它是历史发展的必然趋势。

不顾社会现实盲目地、武断地采取剥夺个人财产的方式，是注定不可能奏效的。如果硬要如此，最终只能是剥夺一些人的财产给另外一些人，对财产进行有利于某些人的"重新洗牌"。

如何看私有财产本身就是个大学问。我们需要真正地弄清楚：私有财产如何而来？它的实质是什

消灭私有制

么？私有财产会带来什么问题？它是否是永恒的？能否想象没有私有财产的时代？我们如何才能积极扬弃私有财产？

2

私有财产不是天然就有的，人类社会有过没有私有财产的历史阶段。自然界起初作为人的无机的身体，不被人们作为外在的对象所占有。在通过劳动与自然界的"亲密"接触中，人类社会走出了重要一步，那就是确立了土地的私有制度，地产正是私有财产的最初表现形式。

天下之大，莫非王土。封建地主或领主享有地产，是土地所有者（国王或皇帝无疑是最大的地主），其他人注定是农奴或平民，在属于领主的土地上从事着农业劳动。土地所有者因占有地产而享有政治特权，无须操心新财源的开辟，不用计较于如何获得更大增殖，他们可以任性地挥霍。

地产是私有财产的"不动产形式"，它是不能流转的，是死的，是不能随便被买卖的，封建地主的权利被认为是神圣的，受到政治国家的保护。这种地产因此还是带有地域色彩和政治偏见的私有财产。

封建的土地占有被新形式的私有财产所代替。私有财产取得了货币、资本的形式，货币的统治开始了，有了货币，就可以购买到一切东西，包括土地。货币、资本是流动的，它是私有财产的"动产形式"。政治国家不管人的政治身份，不设定任何障碍，不规定货币只属于哪些人。货币可以自由地从一个人手中转移到另一个人手中，每个人都有机会得到它、使用它，它可以说是私有财产的抽象的、纯粹的表现，是私有财产完成了的客观形式。

土地也成为商品，不再永恒地归属于地主或领主。土地被公开买卖，可以自由流转，可以归属于一切人。当然，这并不是说，人人都有机会享有，而是说，不管你出身如何，不管你是否贵族，只要你有钱，你就可以拥有。货币才是王道，它是私有财产新的统治形式，有了它，你就可以拥有一切。

那些沉浸在乡土风情，尤其是生来是贵族身份而享有地产的人，对土地的自由买卖充满仇恨，他们斥责土地买卖中的卑鄙行为。而作为新兴的工业代表，资本家则歌颂没有天生的权利，任何人都该有机会拥有土地，凭什么你就该拥有土地，你的子子孙孙天生该拥有土地，可以坐享其成。

应该看到，今天资本主义国家的土地私有不是推翻土地公有制建立起来的，而是通过推翻土地被少数人永恒地世袭享有而建立起来的，这是历史的进步，有其合理的方面，它打破了土地被某些人天然所有的局面，摧毁了封建特权政治的基础。

历史发展的必然趋势是，动产（货币、资本）一定会战胜不动产（土地），马克思的说法是：总有一天，地产必定和其他一切财产一样，落入那会带来利润的、自行再生产的资产的范畴。历史有时是无情的，它将会置人的情感于不顾，毅然前行。正像老子对"天地"所言的，"天地不仁，以万物为刍狗"。

我们注定会有乡愁，注定会留恋曾经的美丽乡村，但人类社会的客观进程，不会因我们的留恋而停下脚步，它势必会无情地摧残我们曾经的美好，因为工业是无法阻挡的，资本的进入是无法阻挡的。随之必将出现的局面是，作为旧贵族的地主终归会没落，务农的农民或贫民终归会向工人阶级转化，资本家将作为金钱贵族崛起。

挡不住的乡愁

资本家必然战胜土地所有者，也就是说，发达的私有财产必然战胜不发达的、不完全的私有财产，正如一般说来动必然战胜不动，公开的、自觉的卑鄙行为必然战胜隐蔽的、不自觉的卑鄙行为，贪财欲必然战胜享受欲，直认不讳的、老于世故的、孜孜不息的、精明机敏的开明利己主义必然战胜眼界狭隘的、一本正经的、懒散懈怠的、耽于幻想的迷信利己主义，货币必然战胜其他形式的私有财产一样。

资本家和土地所有者之间的差别消失，一部分土地所有者眼界狭隘、懒散懈怠、沉湎于享受，必然会破产，成为工人阶级的一部分。一部分土地所有者以及租地农场主则利用土地进行大工业生产，转化为资本家。资本家将失地的土地所有者和农民变成工人，社会将变成资产阶级和工人阶级两个阶级唱主角的社会，变成资本要素主导的社会，这就是资本主义社会的形成过程。

资本主义建立在地产转化为资本私有的基础之上，这是其最重要的标志。它必然使地产商品化、私有化、资本化，必然通过土地的自由买卖和流转，使土地成为资本的要素，使大部分人失去对土地的所有权，成为被人雇佣的劳动者。

对我们而言，在农村土地自由流转的时候，可能会出现的状况是：土地被资本所吸纳，原来的农民要么在农村成为从事现代农业的工人，要么到城市成为真正意义上的工人，导致社会日益分裂为两个对立的阶级。

我们如何确保土地能牢牢地掌握在国家和集体手中，如何坚决避免土地成为私有财产，避免集体所有的土地转入个体资本之手，避免农民丧失对土地的所有权，加剧社会矛盾和贫富分化呢？

3

看到地产，看到货币、资本，还不足以理解私有财产的本质，因为它们只是私有财产的表现形式，物质化的表现形式。

就本质而言，私有财产是一种关系，一种人与人之间对立的关系。因为存在私有财产，就说明有有产者，也有无产者，就说明存在着有产者和无产者的对立关系。传统的私有财产和现代的私有财产都是如此。

只不过，现代私有财产主要表现为资本的私有财产（利润）和劳动的私有财产（工资）的对立，它本质上是资本和劳动的对立关系，是作为资本的人格化的资本家和作为劳动者的工人的对立关系。其中，资本是私有财产客体化的存在形式，劳动则是私有财产的主体本质，私有财产是异化的劳动的产物，但归根结底还是人类劳动的成果。

我们可以用几个等式来表明私有财产、资本、劳动的关系：

传统私有财产的关系 = 有产和无产的关系

现代私有财产的关系 = 资本与劳动的关系

私有财产的客体形式 = 资本

私有财产的主体本质 = 劳动

资本 = 客体化的劳动、死劳动

资本与劳动的关系 = 作为矛盾（能动关系上的、内在关系上的）的对立关系

资本和劳动的对立，作为现代私有财产关系的对立形式，同传统的有产和无产的对立是不同的对立，这是"从能动关系上""从内在关系上理解的对立"，是"作为矛盾来理解的对立"。

"对立"和"矛盾"这两个相似的范畴来自于

黑格尔，是"黑话"，所以没有大白话那么容易理解。对立，并不一定说就是矛盾。对立说的是具有独立性的两个环节之间的关系，矛盾说的是相互关系的双方各自在其自身中包含着另一方的规定。

举个不是很恰当的例子，你和一个陌生人争吵，就是对立，但不是矛盾，因为你们两个基本上是独立的，只是偶尔碰在一起吵了一架。你和你另外那一半的争吵，就是矛盾，因为你们两个本来谁都离不开谁，关系复杂纠葛，在你之中有他（她），在他（她）之中有你，你们只能是床头吵架床尾和。

在传统的财产形式中，有产者通过辛勤劳动丰衣足食，无产者因好吃懒做一无所有，虽存在有产和无产的对立，但双方都是独立的，不产生相互影响，有对立但没有矛盾。

资本和劳动是矛盾的关系，资本离不开劳动。资本本身其实是积累的劳动，是固定化的、自为的劳动。资本的运作离不开劳动，它需要购买劳动才能使自己增殖，也必须从劳动中榨取东西才能增殖。一旦资本离开了劳动，它就不能称其为资本。

劳动也离不开资本。劳动本身作为商品被买卖，是构成资本的要素。工人必须作为资本而存在、而生活，如果不能进入资本组织的生产中，工人没有工作，就没有工资，他就会饿死。所以，他必须想办法找到工作，成为劳动者。

资本与劳动是互相排斥的，资本是对劳动及其产品的支配权力，工人的劳动也总是试图摆脱资本的控制。资本家和工人都知道对方是自己的非存在，每一方都力图占有生产出来的财富的更多份额。

往往是，劳动者辛勤劳动却只能获得少数的份额，资本家从事较少劳动却可以积累大量财富。资本家和工人的有产和无产不是独立造成的，都是由于对方的存在造成的，所以，这种关系是矛盾的。

工人的劳动其实已经被资本所俘获。资本给人的劳动以工资，看似是平等的形式，实际上是把人变成工资的奴仆。工资的提高在工人身上激起资本家那样的致富欲望，但是，工人只有牺牲自己的精神和肉体才能满足这种欲望。资本往往通过激发这种欲望来推进自己的扩张，它利用了人的欲望，毁掉的却是人的精神和肉体本身。

工人追求尽可能多的工资，劳动并不会使人获得尊严，也不会改变工人的命运。因为工资的提高以资本的积累为前提，并且会导致资本的进一步积累。这是一个死循环，逃不出的怪圈。

只要劳动被资本所俘获，资本的私有财产就会大大高于劳动的私有财产，资本的利润就会大于劳动的工资，人与人之间的两极分化总是不可避免，一群人为一个人打工，一个城市的人为一个人的财富铺路，这是现代私有财产关系的必然表征。

4

现代私有财产的关系不仅包含资本与劳动以及其人格化的资本家与工人之间的矛盾关系，还包含人与人创造的物之间的关系。现代私有财产不仅会带来一部分人对另一部分人的统治，还会带来人造之物、人的财产对人的统治。人总以为是在占有私有财产，实际上却会被私有财产所操控。

在历史的进程中，封建的土地占有已经包含土地作为某种异己力量对人的统治，只是特定的人在物面前还是保留了一定的统治地位，人还是能去占有土地并让它保留属于某些人的独特的个性，所谓"没有无主的土地"，领主或地主至少是土地的君王，他因占有土地而能够统治在领土上劳动的其他

一个资本三个帮

人。这种统治还是人对人的统治，土地只是作为统治的媒介。

地产的统治一旦表现为货币的统治、资本的统治，人在物面前的真正失控就开始了。面对不动产的商品、货币，再也没有人能够在它们身上永远地宣誓自己的主权。正如马克思所说："中世纪的俗语'没有无领主的土地'被现代俗语'金钱没有主人'所代替。后一俗语清楚地表明了死的物质对人的完全统治。"

货币是人创造出来的最突出的对象，具有购买一切东西的特性，可以凌驾于任何物之上，也因此可以凌驾于任何人之上。它能把人的愿望从观念的东西转化成现实的存在。没有货币的人有愿望，但他的愿望只能是纯粹观念的东西。没有货币，有愿望就只能是悲情，比如你想去旅行，没有钱，旅行的愿望就没法实现。

货币对人有神奇的功效，它能让伪君子、充满欺诈的人被认定是诚实的；让没有头脑的人被认为是有头脑的，比有头脑者更有头脑；让无能者变成有能者、万能者。货币的力量多大，货币占有者的力量就有多大：

我是丑的，但我能给我买到最美的女人。可见，我并不丑，因为丑的作用，丑的吓人的力量，被货币化为乌有了。我——就我的个人特征而言——是个跛子，可是货币使我获得二十四只脚；可见，我并不是跛子。我是一个邪恶的、不诚实的、没有良心的、没有头脑的人，可是货币是受尊敬的，因此，它的占有者也受尊敬。货币是最高的善，因此，它的占有者也是善的。

货币因此能使一切人的和自然的性质颠倒和混淆，它能"把坚贞变成背叛，把爱变成恨，把恨变成爱，把德行变成恶行，把恶行变成德行，把奴隶变成主人，把主人变成奴隶，把愚蠢变成明智，把明智变成愚蠢"。有钱没有钱，就是不一样。货币是一切事物的普遍的混淆和替换，它能构造出颠倒的世界。

货币的出现，使人与人的关系完全通过买与卖的关系来体现。人本身不再是中介，货币成为中介，人的生命、尊严、道德、贞操、价值都可以通过货币来衡量。这一点，尤其体现在现代信用上，现代信用形式实际上完全把人交给了货币，它可以

货币能使一切人的和自然的性质颠倒和混淆，它能构造出颠倒的世界。

颠倒的世界

用一句话来概括：你这个人，到底能值多少钱？

债权人贷款给债务人，不用实物做抵押，表面上看，是人对人的信任，实际上隐藏着极端的不信任。信贷往往是富人贷给穷人，对富人来说，穷人的生命本身、他的才能、他的努力、他的美德、他的存在都是还款的保证，一个人的个人存在、肉体和血液、社会美德和声誉都被考虑到买卖中，都成了可以用钱度量的物品。用货币来估价一个人，就把人自己变成了某种外在的物质形式，人本身变成了货币。

在货币中，表现出来的是异化的物对人的全面统治。只要人把获得更多的财富、占有更多的物当成生命的目的本身，只要人把财产或财富当成支配别人的权力，人就会被这种外在的物的力量反控制。我们作为人，如果还是想获得更多、占有更多，我们就注定被一种并不神秘的力量所控制，就注定不是人类社会真正的主导者，就注定是不能掌控未来的迷茫者。

我们总是在骂社会的不公，却总是渴望自己能有更多的钱；我们总是感叹雾霾的侵袭，却又总是为了财富无情地破坏环境；我们总是哀怨人性的堕落，却又想过纸醉金迷的生活。我们到底是主动的，还是被动的？我们到底是在享受财富，还是财富在享受我们？我们到底是在主导这个世界，还是这个世界早已把我们牢牢地锁住？

5

共产主义是对私有财产的积极扬弃。扬弃私有财产，也就是使人摆脱物的控制，摆脱人手的产物对人的统治。但如何扬弃私有财产，并不简单，往往容易产生错误的想法，马克思专门批判了"十分粗陋的和无思想的共产主义"。

前车之鉴，后事之师。我们要识别粗陋的共产主义，避免在高呼共产主义的同时，走向一条让人瞠目结舌、大跌眼镜、不可思议的邪路。历史不是循环往复的，但后来人的思维观念，后来人的发展实践，却总是难免犯前人曾经犯过的错误。

我们可能会想：扬弃私有财产，财产就不能被少数人私有，那就平等享有，不能光你有，我也要有，你有我有全都有。这不就是共产主义了吗？这不就是我们想要实现的目标吗？

　　这就是粗陋的共产主义。这种共产主义看似有道理，实际上只是财产关系的普遍化和彻底完成，它把一切都变成私有财产，用强制的方法抛弃所有不能成为私有财产的一切，最终只是确立了私有财产的统治。

　　这种共产主义设想所有的人都应该是私有财产的主体，必然否定人的个性，把人人都看成是贫乏地想去占有更多物的"工人"，它设定物质的直接的占有是人的生活和存在的唯一目的，也就决定了所有的人都将为了私有财产而四处奔波，决定了整个共同体将成为物质财富的俘获物，共同体不再是人的积极的共同体，而是财产当道的物的共同体。

　　所有人共同占有私有财产，这是平均主义思维在作怪。它要满足的是一种低层次的、贫穷的、需求不高的人的忌妒和贪欲。用普遍的私有财产来反对私有财产，满足平均占有、共同占有的欲望，甚至会以一种动物的形式表现出来，向非自然的、否定整个人类文明的简单状态倒退。

　　最可耻的表现就是共产共妻，把女性变为公有的和共有的财产，认定一夫一妻制的婚姻是一种排他性的私有财产形式，公妻制才是共同占有的财产形式，才应该是人类社会积极追求的方向。实际上，用公妻制来代替婚姻，把女性当做共同淫欲的虏获物和婢女来对待，表现了人在对待自身方面的无限的退化，凸显了人内心的卑劣与无耻。

这种共同占有私有财产的共产主义，不是值得追求的目标本身，它没有超越甚至没有达到私有财产的水平，甚至还是一种倒退。这种共产主义不可能消除私有财产，而只是变换了私有财产的形式，变换了占有私产财产的主体，把少数人的占有变成大多数人的占有或普遍的占有，这种变换本身是不可能改变人受物的统治的状况的。

只要把人理解成试图占有更多财产的人，本身也就是承认了物质的财产对人的统治的力量，只会使物以财产的形式继续作为对象的、对立的、敌对的力量存在于人之外。

还有一种共产主义，是具有政治性质的，就是希望从政治领域克服私有财产，试图通过民主形式，或者通过废除国家，来宣称不管你有多少私有财产，你和别人都是平等的。人的政治生活和私有财产撇清关系，这当然是进步的，但能否最终克服私有财产？

不能。这种共产主义实际上已经认定了摆脱私有财产的不可能性，它只是以私有财产为前提，防止它向政治生活侵袭。而只从政治上规定，注定抵挡不住私有财产对政治国家的侵入。

这一点已经完全得到验证，资本已经让政治拜倒在石榴裙下，财产已经彻底征服了政治，已经让自己在政治领域大行其道，看看一些国家的大选就知道了。政治本来是要抵制财产的，结果财产却有了进入政治的合法性，变得更难克服。

无论是共同占有私有财产的共产主义，还是在政治领域宣布私有财产无效的共产主义，都看到了私有财产的危害，都试图找到扬弃私有财产、消除人的异化的方案。但都没有提出正确的解决之道，因为它们对私有财产采取了消极排斥的态度，没有理解私有财产的积极本质，没有看到私有财产运动的未来发展，注定是在静止的私有财产中看问题，必将受私有财产的束缚和感染。

我们经常会看到问题，却难以提出正确地解决问题之道，正因为如此，在试图解决问题时，我们经常会走向另一个极端。这告诉我们，对社会问题的不满，不能极端地提出过于激进的方案、过于理

资本的石榴裙

想的规划，因为激进、理想不仅可能于事无补，还
有可能使问题变得更难解决。

6

如何扬弃私有财产，必须理解马克思经典的
话："自我异化的扬弃同自我异化走的是同一条道
路。"这就是辩证法，辩证法强调的是我们要遵循
事物自身的运动发展，要顺应规律，展望未来。这
是马克思从黑格尔那里学到的"黑话"，但他的话
说得没那么"黑"，他给了我们看懂的希望。

私有财产的运动与共产主义的运动走的是同一
条道路，私有财产是自我异化，共产主义是自我异
化的扬弃。马克思是在私有财产的运动中思考共产
主义的，共产主义是积极扬弃私有财产的运动。

私有财产提供了共产主义理论和共产主义运动
的基础。共产主义运动必然在私有财产的运动中，
找到经验基础，也找到理论基础。私有财产的运动
不仅提供未来发展的物质财富，还提供适合于未来
发展的理论蓝图。

只有在私有财产的运动中，才能理解共产主义

的理论，才能推进共产主义的实现。没有发达的私
有财产，或者说私有财产没有发展到一定阶段，连
理解共产主义都不可能。共产主义是建立在私有财
产基础上的，不是一喊共产主义，就要消灭私有财
产，共产主义是要积极克服它的问题，留下它好的
一面，推进人类社会再进一步。

我们要理解私有财产的积极的本质，私有财产
虽然是异化了的劳动产物，但它毕竟是客体化的劳
动，是人的对象化的积极成果，是人的生命的物质
的表现。看到不断涌现出来的、以前想都不敢想的
商品，看到那些升了一级又一级的电脑、手机，我
们不得不感叹人作为创造者的伟大。这些我们都不
能否定，因为我们能从其中见证人的生命的力量，
见证人的奇迹的时刻。

共产主义是以过去积累起来的全部物质财富和
精神财富为基础的，它绝不是人所创造的对象世界
的消逝、舍弃和丧失，绝不是返回到非自然的、不
发达的简单状态的贫困。

扬弃私有财产不是要消灭它的存在，而是改变
私有财产的存在方式，使之成为人的劳动现实化的
积极确证，为人性的充实与提高创造条件，不使人

受私有财产的束缚和统治，不使人被自己创造的物所奴役。

具体到现实中，摆脱人与物对立的方式，对物不占有、不拥有，这确实是一个难题。私有制已经使我们完全陷入占有的思维中，以至于一个对象，只有在它被拥有的时候，被吃、喝、穿、住的时候，它才是我们的。一些人已经变得如此愚蠢而片面，总是试图获得更多，总是试图牺牲大家成全小我。

转变人对物的占有思维，也就是祛除把物看成财产的思维形式。不能看到物就想去占有它，这样的话，只会造成人与人之间的对立与割裂，为物对人的操控提供社会条件。共产主义因此不能理解成"共产"，不能理解成共同占有、共同分享财产，而应理解成"无产"，没有私有财产，没有财产。

问题就在于，没有财产能否可能？这其实正好触碰到这个时代我们的基本思维形式。马克思其实是在启发我们，每个人都不去试图占有物，物实际上就归每个人所有。我们要敢于想象物质财富极大丰富之后的社会状况，社会将彻底摆脱物的缺乏，人再将物占为己有将变得没有必要。

物不再以个人的、少数人的甚至多数人的财产的形式存在。物成为存在本身，不是人的外在对象，不是人的客体，它成为人的无机的身体的构成部分。这似乎是新的不可能性，新的非现实性，却一定是社会发展的未来目标。

☞ 当代回响

我们为什么要去想象没有商品、货币、资本的未来？

一个时代的悲哀往往是失去了对未来的想象，只能在现存的东西中思考。比如说，我们没有办法想象没有商品、货币、资本的未来。我们沉浸在琳琅满目的商品中，欣喜于有机会获得更多的货币中，感慨于资本运作的神奇魔力。谁不想购买到更多的东西，谁不想拥有更多的钱？谁不想让自己的钱再生出钱来？

我们缺少追问，这个社会为什么会进入每个人都认为有问题，却又很难找到办法解决，只能听之任之的阶段？我们需要明白，为什么我们创造出那么多东西，却还总是觉得不够，觉得匮乏、无奈、不幸福？

我们有没有想过，我们自己创造的东西，我们有可能没办法操控，它反倒会操控我们？人会被人手的产物、人脑的产物所支配，人与人的关系会被物与物的关系所笼罩，这种产物、这种关系会成为外在的力量，成为压制我们的工具。这样说，并非危言耸听，并非哗众取宠，反倒有助于我们认识这个时代的问题。

马克思无疑是众人皆醉我独醒的清醒者，综观他早期到晚期的文本，我们可以认定他给自己设定的对手是资本，他致力于分析的一以贯之的问题就是人类社会发展到资本逻辑所主导的历史阶段将是何种图景，我们又该何去何从？

马克思经常用"颠倒"来形容这个阶段，以揭示人的劳动创造出来的、服务于人的需要的"物"（商品、货币、资本以及机器、技术）为何会一步步使人陷入无法操控的世界中，人与人的关系为何被物与物的关系所塑造而人本身却表现得无能为力？

把共产主义与操控资本逻辑关联起来，会拉近马克思的共产主义与我们这个时代的距离，因为我们现在面对的恰恰是马克思曾经预测到的困境，我们这个时代的对手恰恰是马克思的对手，是人自己创造出来的资本。

但这种关联也会带来对共产主义的悲观论调，因为要去解决物对人的统治问题，要去解决资本对人的支配问题，在今天看来似乎是不可能完成的任务。我们能做什么呢？我们能消灭物吗？我们能消灭资本吗？我们怎么可能不让资本去运营呢？

解决现实的问题远比理论的设想要难得多，资本逻辑已经牢牢控制了人类社会的进程，让人很难找出路。但我们不能不去找出路，至少我们应该有所想象。

我们要想象超越以资为本的生产方式，以社会中的人为本，按照人的真实需要而不是按照不断刺激出来的虚假需要进行生产，并致力于理顺人与人的生产关系、社会关系，改变维系这种关系的制度，避免无止境的价值增殖，遏制生产资料被少数人占有，财富往少数人手里集中，打破不同的人的阶级身份。

人不再按阶级划分，开始作为人而不是作为某个阶级中的人存在，表征着人摆脱了物化关系，人成为关系的主人，成为自由而全面发展的人。

三、人的本质的完全占有

　　共产主义是对私有财产即人的自我异化的
积极的扬弃，因而是通过人并且为了人而对人
的本质的真正占有；因此，它是人向自身、也
就是向社会的即合乎人性的人的复归，这种复
归是完全的复归，是自觉实现并在以往发展的
全部财富的范围内实现的复归。这种共产主
义，作为完成了的自然主义，等于人道主义，
而作为完成了的人道主义，等于自然主义，它
是人和自然界之间、人和人之间的矛盾的真正
解决，是存在和本质、对象化和自我确证、自
由和必然、个体和类之间的斗争的真正解决。

1

　　私有财产的积极扬弃，人的自我异化的积极扬

弃，为的是通过人并且为了人而对人的本质的真正占有。共产主义因此不仅仅是经济发展的问题、劳动形态改变的问题、财产的公有共有问题，还是人的改造问题。

如果人没有得到实质性改变，共产主义运动的目标就不会真正实现。

在马克思的理论中，一直有两个"人"，一个是现实的活生生的人，存在着的人；一个是理想层面的人，符合人的本质、合乎人性的人。我们在生活中实际上也有此意，"要活得像个人样""你真不是个人"等等来自日常生活中的话，其实蕴含着的道理正是：活着，不一定就是人，活到一定份上，才算是真正的人。

有一首歌叫《存在》，唱出了人的生活的艰辛无奈，人的生活的矛盾交织以及人的生活的奋争前行：

多少人走着，却困在原地；多少人活着，却如同死去；多少人爱着，却好似分离；多少人笑着，却满含泪滴。

谁知道我们，该去向何处？谁明白生命，已变为何物？是否找个借口，继续苟活，或是展翅高飞，保持愤怒？

我该如何存在？

多少次荣耀，却感觉屈辱；多少次狂喜，却倍受痛楚；多少次幸福，却心如刀绞；多少次灿烂，却失魂落魄。

谁知道我们，该梦归何处，谁明白尊严，已沦为何物？是否找个理由，随波逐流，或是勇敢前行，挣脱牢笼？

我该如何存在？

人该如何存在，人能如何存在，这就是问题的实质。现实的活生生的"人"，如何转变为公认的理想的"人"，存在着的人如何活出人的尊严、人的价值、人的高贵，并不容易。实现这个转变，就是人对人的本质的真正占有，就是人向人自身的回归。

人的本质是自由的有意识的劳动，人的本质在人的对象中展现出来。对象的异化或丧失，也就表明了人的本质的异化或丧失，人真正占有自己的本质，就是要把人的对象收回到自身中，通过消灭对存在着的人如何活出人的尊严、人的价值、人的高贵，并不容易。实现这个转变，就是人对人的本质的真正占有，就是人向人自身的回归。

该如何存在？

象世界的异化的规定，现实地占有自己的对象性本质。

简单说，就是失去的东西，重新拿回来，就是把人在异化中失去的产品、失去的自然、失去的尊严、失去的价值，失去的关系，失去的一切，实现重新占有。人变成自由的有意识的"劳动者"，成为自己的一切的主人，在劳动中彰显出生命的力量、人性的崇高、人之为人的特质，人的本质作为某种现实的东西得以实现。

人向人自身的复归，就是现实存在的人向理想层面的人的复归，就是通往真正的人的否定之否定过程。

这种复归是完全的复归。不是局限在某个领域实现的复归，而是在政治、经济、思想、文化、宗教等所有领域实现的复归。宗教、家庭、国家、法、道德、科学、艺术等，不过是生产的一些特殊的方式，受生产的普遍规律的支配。对私有财产的积极扬弃，也是对一切异化的积极扬弃，在此能找到实现完全复归的线索。

这种复归是自觉实现的复归。人向人的复归，只能是通过人自己来实现，而不是无意识地梦游了

仙境。外在的力量是有限的，不能依赖外在的呼吁
和呐喊，不能靠别人帮他实现。没有自觉的自由
意识，没有自觉的生命活动，没有自觉的人的劳
动，人的复归就注定难以实现。

这种复归是在以往发展的全部财富的范围内实
现的复归。共产主义要特别强调这一点，它不是摧
毁一切以前的东西，不是摧枯拉朽式地完全破坏。
历史是要延续的，人类社会需要传承，从一个社会
形态走向另一个社会形态，不能以断裂的方式对待
历史。

再强调破旧立新，再强调新事物代替旧事物，
社会的发展、人的发展都遵循"前人栽树后人乘
凉"的原则，把前人栽的树砍掉，社会发展注定要
经历曲折，人的发展注定会有所倒退。

2

人的本质的完全占有，人向人自身的复归，表
现为人和自然界之间、人和人之间矛盾的真正
解决。

马克思用了这样的话来表达，这种共产主义，

作为完成了的自然主义，等于人道主义，而作为完成了的人道主义，等于自然主义。要明白其意，我们就要明白自然主义和人道主义的对立，也就是要明白"没完成的自然主义"和"没完成的人道主义"的区分。

"没完成的自然主义"，强调自然界的优先性，认为自然界有其独立的价值，人只是自然界的万物之一，必须完全服从自然法则。"没完成的人道主义"，强调人在自然界中的中心地位，认为自然只有相对于人才有价值和意义，没有人，自然界就没有存在的价值。

两者的区分之所以会存在，归根结底在于人和自然之间确实存在对立，不同的人才会形成不同的观点。而观点的对立不能通过观点的合理性来解决，只能通过实践的改变来解决。只有人和自然之间的矛盾真正解决，才能化解这种观点的对立，才能消解各执一端的片面性。

共产主义要实现人与自然持续不断的良性交互。自然界将不是人的外在的对象，它作为人的无机的身体存在，人的肉体生活和精神生活同自然界相联系，也就是同自身相联系。

当时的马克思早就看到，资本主义生产方式的运行注定会加剧人与自然的对立，会带来严重的生态环境问题。他将人与自然对立的消除作为共产主义运动的重要内容，确实有先见之明。

破坏人的生存环境的是人自己，是人所形成的社会。所有人以所有人为敌的社会，必然会加剧人对自然的掠夺。因此，人与自然的矛盾必须通过理顺人与人的关系来解决人的对立，才能得到彻底解决。

共产主义运动要使人与人的关系具有"社会"的性质。"社会"这个概念，被马克思寄予了很高期望，"社会主义"中的"社会"就来自于此。我们所生活的现实社会，还远远达不到他所说的社会的标准，还远远不是社会主义的社会。

插句话，在这个文本中，马克思把"社会主义"当成理想的社会形态，把共产主义当成一种现实的运动，实现社会主义社会的运动，这跟很多人把社会主义当成共产主义第一阶段的认识是不一致的。

在真正的社会，即社会主义社会中，人的个性和自由得以彰显，而且，每个人的个性和自由，都是其他人的自由和个性的条件，每个人都是为别人的存在而存在，别人也是为他的存在而存在。

一个人的活动本身就是社会的活动，一个人的享受本身也是社会的享受。社会的活动和社会的享受，区别于共同的活动和共同的享受，因为"共同"建立在人与人之间对立的基础上，"社会"则建立在人与人之间完美统一的基础上。

社会主义社会中的人充满爱和信任，人是有艺术修养的人，是能感化别人的人，是能鼓舞和推动别人前进的人。马克思借用"恋爱"表达了对未来理想社会的向往：

如果你在恋爱，但没有引起对方的爱，也就是说，如果你的爱作为爱没有使对方产生相应的爱，如果你作为恋爱者通过你的生命表现没有使你成为被爱的人，那么你的爱就是无力的，就是不幸。

马克思是想说，社会主义社会中的人能摆脱这种不幸，人与人之间是用爱来交换爱，用信任来交换信任的关系。爱是相互的，信任是相互的。

人们生活在这样的社会中，人与人之间形成这样的社会关系，我们就终于有机会解决几大根本对立：

存在和本质对立。我们无需再去感叹理想很丰满，现实很骨感，我们不再会碰到为什么活得不像人这样的问题，我们用我们的现实存在回答了什么叫真正的人，我们的生活本身完全达到了我们对人之为人的期望。

对象和自我确证对立。我们的对象不再外在于我们，不再作为压制我们的力量，我们的对象就是我们自己力量的确证，我们的对象不再离我们而去，它终于是我们的了，它回到了我们自身。

自由和必然对立。自由不再是抽象的口号，我们不会在高喊自由的时候遭遇必须如此的尴尬，我们能在必然的规律、外在的制约和限制中找到自由。我们在必然中体会自由，在受动中感受主动，在制约中游刃有余。

个体和类对立。我们作为个体的个性和自由不会被以社会的、集体的名义所压制，社会的、集体的利益也不会因为张扬个性和自由而被侵犯。我们在类生活中能更好体验个性和自由的魅力，我们在个性和自由张扬时更好融入类生活。

共产主义落脚于存在和本质、对象化和自我确证、自由和必然、个体和类之间的斗争的真正解决。不理解到这个层面，我们怎么好意思说，已经理解共产主义了呢？

3

人的本质的完全占有，人向人自身的复归，表现为感觉成为人的感觉。

人与世界的关系，是人的感觉器官同对象的关系，人的视觉、听觉、嗅觉、味觉、触觉、思维、直观、情感、愿望、活动、爱，同对象发生关系，受制于对象，但又能重新塑造对象，规定对象的意义。

对象是人的本质力量的确证，任何一个对象对人的意义，又都以人的感觉所及的程度为限。对象能否成为你的对象，要看你的感觉的程度。如果你感觉不到，对象就在你的面前，也不会成为你的对象。正如对于没有音乐感的耳朵来说，最美的音乐也毫无意义，不是对象。

反过来说，如果人的本质力量没有得到确证，对象没有生成，你有耳朵、眼睛，也不会感受到对象，你的感觉也不会形成。也正如只有音乐才能激发人的音乐感。人的本质力量的大小，决定了人的感觉能否形成。

马克思所讲的感觉因此不是生理学或心理学意义上的感觉，而是可以确证人的本质的感觉。这种感觉是慢慢发展起来的，有了这种人的感觉，就可以使人直接成为理论家，就可以把握人生的真谛，感受生命的力量。

不要以为你的感觉，就是"人"的感觉。在异化劳动的条件下，在私有财产的统治下，你的感觉根本没有机会成为人的感觉，因为一切肉体的和精神的感觉都被这一切感觉的单纯异化即拥有的感觉所代替。

囿于粗陋的实际需要的感觉，只具有有限的意义，不是全面的感觉。如果基于实际需要，人的感觉就与动物的感觉没有什么两样。感觉的对象就只是人的外在的对象、异化的对象、破坏的对象，而不会与自身统一起来。只有在人的感觉看来，对象才既是人之外的"感性存在"，又是人的"感性本质"本身。只有人的感觉，才会使人与对象合一，人我合一，物我两忘。

共产主义让感觉成为人的感觉，它是人的一切感觉和特性的彻底解放。感觉和特性无论在主体上还是客体上都成为人的感觉和特性，人创造出不同于野性的感觉器官。感觉同对象的关系，不再是被动的，受制约的，而是人的现实的实现，是人的自我享受。

人不是以一种感觉，而是以全面的感觉面对对象。看一个人，不是只看到她的外表美，而是会看到她的一切的美。我们的感觉也会重新塑造对象。人对美的定义本身，决定了对象的改变，如果我们把美看作外表美，对象就只需要包装的美，如果我们把美理解成内涵美，对象也会按照这个来设计。即是说，人提高了自己的品位，自然会有新的美的定位。

在人的直接的感官以外，人们还以社会的形式形成社会的器官。我的感觉和精神为别人所享有，别人的感觉和精神也为我所享有，我能够感觉到别人的感觉，别人也能够感觉到我的感觉，所谓感同身受，身无彩凤双飞翼，心有灵犀一点通。

感觉如何成为人的感觉？要靠外在的历史进

程，因为人的感觉是世界历史的产物，也要靠人的主观努力，因为人的感觉要通过人本身的劳动创造出来。马克思坚信，已经生成的社会将创造出具有丰富本质的人，创造出具有全面而深刻的感觉的人，把这些人作为社会的恒久的现实。

说来惭愧，我们离这个目标确实还有很远的距离，但我们不能只看当下，我们还要放眼未来。未来的发展一定会超越我们今天的想象，让每个人都成为具有丰富本质的人、具有全面深刻感觉的人。

4

人的本质的完全占有，人向人自身的复归，表现为需要成为人的需要。

马克思令人惊讶地指出，现实的人的需要是一种非人的需要。人的需要变成了对货币的无限的、无度的、无节制的需要，显示出"野蛮化和最彻底的、粗陋的、抽象的简单化"。挣钱成为人最基本的活动，一切情欲和活动都湮没在贪财欲之中。

对货币的需要，实际上又要求人克制、节约和禁欲。你越是少吃、少喝、少买书、少去剧院、少

野蛮的需要

赴舞会、少上餐馆、少思考、少爱、少谈理论、少唱、少画、少击剑等，你积攒的财富，即你的资本，也就会越多。你的存在越微不足道，你表现自己的生命越少，你拥有的货币就越多，你积累的也越多。

你的生命和人性中失去的一切，全都用货币和财富补偿给你。你自己不能办到的一切，你的货币都能办到，它能吃、能喝、能赴舞会、能去剧院，它能获得艺术、学识、历史珍品、政治权力，它能旅行，它能为你占有这一切，它能购买这一切。结果，不是货币服务于我们，而是我们服务于货币。

这就是我们生活的常态，本来以为挣了钱，就能去休闲，结果，我们总是在挣钱中，停下来歇歇成为奢侈的活动，成为偶尔为之的活动。我们渐渐会忘记，什么才是真正的生活，我们记得了，挣钱才是王道。

人的需要还成为被利用的工具和手段。每个人都指望使别人产生新的需要，诱使他追求新的享受，以便获得他自己的利己需要的满足。为此，生产者会迎合他人最下流的念头，激起他的病态的欲望，然后殷勤地提出服务，并要求支付酬金。

我给你享受，给你你想要的一切享受，哪怕是变态的享受，我满足了你的需要，你得给我钱。你必须把你的一切变成可以出卖的，靠失去贞操、出卖自己的身体满足别人的淫欲来换取金钱，也被认为是尊重经济规律。一切都是看在钱的份上！这种刺激人的欲望、刺激人的需要的做法，就像宦官厚颜无耻地向自己的君主献媚，并力图用卑鄙的手段刺激君主麻木不仁的享受能力以骗取君主的恩宠一样。

这种需要的满足最终表现为需要的丧失，因为它满足的是对货币的需要、对贪婪的需要，丧失的则是对环境的需要、对文明的需要。它满足的是一部分人的贪财欲、享受欲，丧失的是另一部分人的基本需要。而且，大部分人基本需要的简陋与不能满足，正好满足了少数人发财致富的需要。

光、空气等等，甚至动物的最简单的爱清洁习性，都不再是人的需要。肮脏、堕落、腐化、文明的阴沟，成了工人的生活要素。完全违反自然的荒芜，日益腐败的自然界，成了他的生活要素。人不仅没有了人的需要，他甚至连动物的需要也不再有了，连野蛮人、动物都还有狩猎、运动等的需要，有和同类交往的需要，机器、劳动的简单化，则把人变成机器，变成无需交往，只需作为机器零部件的人。

马克思尤其关注到工人的住宅问题，他观察到，一些人又重新退回到洞穴中居住，不过这洞穴现在已被文明的污浊毒气所污染，而且他们在洞穴中也是朝不保夕，他们是住在别人的家里，如果他们付不起房租，他们每天都可能被赶走。本来野人在自己的洞穴中并不感到陌生，反而如同鱼在水中那样自在。现代人生活在"洞穴""蚁穴""蜗居"中，生活在地下室中，这是重新回到洞穴，但他们绝不会感受到自由自在，而感到的是龌龊、憋屈、猥琐。

当所有的需要变成对货币的需要，对人的生存环境、对人的生命活动空间这些方面的需要反倒不再重要。为了货币和财富，一切皆可抛，哪怕是名誉；为了货币和财富，一切皆可忍受，哪怕是雾霾。这是人所需要的吗？这是人真正的需要吗？

共产主义运动主张"把粗陋的需要变为人的需要"，使每个人的需要和享受摆脱利己主义性质，使人摆脱对货币的无节制的需要。它要激发人的需要和人的本质的社会性，致力于祛除对立性、私人性、狭隘性、片面性。

人的需要不再是无限制的需要，不再是贪婪的没有止境的需要。所谓"存天理，灭人欲"，符合天理的需要，其实就是人的需要，为了人欲的需要，其实就不再是人的需要。饿了就吃，困了就睡，这不关乎天理，也不关乎人欲。你饿了，你渴了，如果去吃该吃的，去喝该喝的，这叫存天理，是需要维护的天理。如果你去吃不该吃的饭，去喝不该喝的酒，这就是人欲，是需要消灭的需要。

人不再以财产本身、不再以更多的财富作为唯一的生活目的，才可以实现人的本质的丰富，才会获得人的生命活动本身的财富，才会以一种全面的方式，就是说，作为一个完整的人，占有自己的全面的本质。人因此才会成为完整的人、全面的人。

5

人的本质的完全占有，人向人自身的复归，表现为观念、意识成为人的观念、意识。

人的观念，人的意识本来是人的头脑产生的，一旦产生却也会异化于人，成为支配人的头脑的力量，宗教中的"神"就是典型的表现。如果说私有财产的异化是经济的异化，是现实生活的异化，那么宗教的异化则是意识的异化，是人的思想观念的异化。

共产主义径直从无神论开始，无神论是扬弃宗教异化、扬弃人的意识异化的表征。而只要是无神论，就得解决"创世说"的问题。但"创造"是一个很难从我们的意识中排除的观念，因为我们很容易就会去想，我们从哪里来？人类到底怎么出现的？

马克思用惯用的幽默讲述这个问题。你从哪里来？很简单，你是你父亲和你母亲所生。但你可能会继续追问：谁生出了我的父亲？谁生出了我的祖父？可以持续推演地回答：你祖父和祖母生出了你父亲，你祖父的父亲和母亲生出了你祖父。总之，人总是人生出来的，人始终是人的主体。

但你可能会打破砂锅问到底，总要给这个无限循环的过程一个终结，你可能会"终极"追问：谁生出了第一个人和整个自然界？肯定不是人自己，那就是某种人之外的力量，某种神。神创造了世界，这个观念一旦形成，就难以从我们的大脑里摆脱，"创世说"因此似乎有自圆其说的思路逻辑。

对这个问题如何回应？马克思的反驳让我佩服得五体投地：你的问题本身就是抽象的产物。你提出人和自然界的创造问题，实际上也就把人和自然界抽象掉了，你假设了它们的不存在。你设定它们不存在，却希望我向你证明它们是存在的。

你设想人和自然界是不存在的，你就要设想自己不存在，因为你自己也是自然界和人的一部分。在人和自然界都不存在的时候，你却还让自己的理性思维存在，人都不存在，你何来理性思维，何能提出问题，问人是怎么来的？所以，你犯了设定一切都不存在而自己却存在的错误。

你可能还会提问：我并不想设定自然界不存在，我就是想问问自然界和人的形成过程，除了神的创造之外，你能给我一个让人信服的说法吗？

马克思来告诉你：整个所谓世界历史不外是人通过人的劳动而诞生的过程，是自然界对人来说的生成过程。

自然界的实在性必须得到承认，自然界孕育了人，没有自然界，也就没有人，更没有人的意识、思维、观念。人在自然界中通过劳动，改造无机界，创造对象世界，自然界从"自在存在"转变为"为我存在"。人也在这个过程中把自己再生产出来，使自己逐渐意识到，人的生活并不是其他存在物的恩典，而是他自己劳动的结果。这就是人和自然界的形成过程。

人在没有能力和自然界和谐统一，没有意识到自然界和人的统一的时候，才会设想某种异己的存在物，某种神秘的力量来实现这种统一，实现人驾驭自然界的期望。

在社会主义条件下，人和自然界是统一的，人对人来说是作为自然界的存在，自然界对人来说是作为人的实在，已经成为实际的、可以通过感觉直观的，外在的神秘力量也就没有存在的空间。共产主义让人获得积极的自我意识，具有积极的自我意识的人不再在自身之外寻找自己生活的创造者。

共产主义开始于无神论，但并不是说无神论就是共产主义，无神论所讲的博爱只是哲学的、抽象的博爱，是停留在思想意识层面的运动，共产主义所要的博爱则是现实的，它需要哲学，但不停留在哲学中，它要解决宗教问题，但解决问题的关键不

神秘力量的来源

在人的思想领域中找，而是回到现实领域中来。
因为：

理论的对立本身的解决，只有通过实践方式，
只有借助于人的实践力量，才是可能的。因此，这
种对立的解决绝对不只是认识的任务，而是现实生
活的任务，而哲学未能解决这个任务，正是因为哲
学把这仅仅看做理论的任务。

主观主义和客观主义，唯灵主义和唯物主义，
只是在社会状态中才失去它们彼此间的对立，从而
失去它们作为这样的对立面的存在。马克思提供了
很重要的方法论，那就是思想观念的问题要随着现
实生活的改变而真正地改变，如果社会现实没有改
变，靠理论的呼吁、思想的宣传难以根除扎根在人
内心深处的东西。

为什么还有无神论和有神论的对立，只是因为
现实的生活、现实的存在本身没有提供解决这种对
立的条件。无神论只是对神的理论上的、哲学上的
否定，它只是通过这种否定设定人的存在，没有在
现实中让人们真实地观察到。

能够被人认同的无神论只有到社会主义阶段才
能实现，因为社会实践已经解决了现实问题。每个

人的普遍意识，都是以现实共同体、社会存在物为生动形态的那个东西的理论形态，它确证自己的现实的社会生活，只是在思维中复现自己的现实存在，人的观念和意识同人的现实生活是一致的。

到时候，我们就不用再呼吁无神论了，因为无神论和有神论的争论，失去了社会历史条件的支撑，已经从人的观念意识中消失。这说明，只是宣扬无神论，而不去解决贫乏的现实、不如意的现实，是不能彻底消除无神论的，也是不可能解决宗教问题的。

6

人的本质的完全占有，人向人自身的复归，共产主义有如此诉求，决定了它并不会那么容易地呈现在我们面前，决定了我们对它的思考在今天依然是哲学层面的，同样也决定了它往往会被一些人理解为难以实现的乌托邦。

共产主义其实并不遥远，但确实也不是离得很近。探讨这个这么近又那么远的话题到底有什么价值呢？我们可以从马克思提到"思想上的共产主义"和"行动的共产主义"的一段话中找到答案：

对异化的扬弃只有通过付诸实行的共产主义才能完成。要扬弃私有财产的思想，有思想上的共产主义就完全够了。而要扬弃现实的私有财产，则必须有现实的共产主义行动。历史将会带来这种共产主义行动，而我们在思想中已经认识到的那正在进行自我扬弃的运动，在现实中将经历一个极其艰难而漫长的过程。但是，我们从一开始就意识到了这一历史运动的局限性和目的，并且有了超越历史运动的意识，我们应当把这一点看做是现实的进步。

共产主义赋予了历史运动以基本的逻辑与主线，甚至以终极目的。历史的全部运动，既是共产主义现实的产生活动，同时也是被理解和被认识到的生成运动。

我们需要付诸现实的共产主义运动，历史也将带来这种共产主义行动。私有财产的运动、大工业的发展已经为共产主义运动提供了线索。人们在经济发展的现实中能够发现共产主义的苗头，能够从私有财产中看到未来希望，因为我们所取得的物质财富和精神财富正是人类社会力量的展现。

工业的历史和工业的已经生成的对象性的存在，是一本打开了的关于人的本质力量的书，是感性地摆在我们面前的人的心理学。只不过，这本书还没有书写完毕，还没有完全确证人的本质的力量。我们还只是把工业当作外在的有用性来理解，而没有从它同人的本质的联系来理解。

在物质的工业中，人的对象化的本质力量以感性的、异己的、有用的对象的形式，以异化的形式呈现在我们面前。现在只需要祛除这种异化的形式，人的本质力量就会得到完全地展现。

我们越感受到人的异化，越感受到物对人的统治，越感受到自私贪婪、生态环境、盲目竞争、政治腐坏带来的困境，我们就越会组织现实的力量扭转局面，因为问题的出现是人类社会变得更好的前提，坏事有可能是通往好事的阶梯。

推动共产主义运动的主体力量是工人。社会从私有财产、私有制中解放出来，是通过工人解放这种政治形式来表现的。因为整个的人类奴役制就包含在工人对生产的关系中，而一切奴役关系只不过是这种关系的变形和后果罢了。

共产主义并不是只谈工人的解放，它最终要实现的是普遍的人的解放。工人的解放是通往人的解放的关键一步，工人解放只是途径，人的解放才是目标。解决工人在生产关系中的地位，使工人的规定消失，才能使整个人类获得解放。

马克思有坚定的阶级立场，但并不是狭隘的阶级立场，他瞄准的是整个人类的未来，但思考的是在存在阶级的客观现实条件下，如何实现人的解放，如何开展共产主义运动。

现实的共产主义行动重要，思想上的共产主义也依然重要。思想上的共产主义不能代替现实的共产主义行动，但思想上的共产主义能够推动现实的共产主义行动。我们总喜欢在那儿想现实的共产主义行动能否成功，共产主义何时能出现，却很少从思想层面探讨共产主义到底是什么，有什么内涵，也就是说，我们并不重视思想上的共产主义。

导致的结果是，一旦看到共产主义曾经宣称的美好社会没有出现，就以为它纯粹是骗人的，就以为共产主义永远不可能得到实现。其实，我们忘记了，我们不理解它，不认同它，恰恰说明共产主义行动是一个漫长的过程，还要经历很长的历史时期。

共产主义既是在历史现实中产生的过程，又是被人所理解、所认同的过程。我们坚信，等到社会发展到一定阶段，我们就会理解，就会认同共产主义。在还没有达到这个阶段前，我们能做的是努力走近它，把握它，信任它，推动它，唯有如此，思想才会改变现实，思想上的共产主义才会引领现实的共产主义的实现。

现实的共产主义行动重要，它将随历史进程而必然出现，思想上的共产主义也重要，意识到共产主义一定会实现也是一种现实的进步，我们这个时代总不能连共产主义的意识、观念、信念都没有。就此而言，探讨共产主义是必要的，而且，十分必要！

☞当代回响

人有没有可能成为不自私贪婪的人？

人究竟是什么？人性、人的本性、人的本质是怎样的？

古今中外的思想家都对这个问题有过思考。只是，中西方文化有不同的理解角度，我们可以尝试着进行武断的区分。

中国文化偏向于从道德层面上将人界定为"道德生命体"。可以说，人之初，性本善；可以说，人之初，性本恶；可以说，人之初，无善恶。但人之为人，一定得是道德生命体。

言外之意，人是有生命的，这一点跟动物一样，但人是讲道德的生命，这就与动物区分了出来。只有讲道德的生命体，才可以称为"人"。所以，当一个人道德败坏到一定程度，我们会用一个词来形容，那就是"禽兽不如"。开个玩笑，禽兽是躺着中枪的，人不行了，还侮辱一下禽兽。

西方文化往往从理性—欲望的角度来说明人，认为人就是"理性欲望结合体"，以理性来满足自己的欲望，构成人全部社会活动的准则。言外之意，人都是有欲望的，都是自私的，这一点跟动物一样，但是用理性来满足自己欲望的才是人，这一点就与动物区分了出来。

只要人是理性的，他的欲望有多大，能在多大程度上满足，都是可以理解的，因为这种理想的欲望、这种理性的自私无关乎道德。

当前一种观点流行开来，那就是人都是自私的，都是有欲望的，都是贪婪的，这是人的本性，你改变不了，就必须顺应它，所有的制度设计都要围绕着克制人的这种本性展开，都要把人想象成这种人。但人是先人后己、舍己为人、大公无私的，所有的制度设计都注定是乌托邦的想象，注定是表面上一套冠冕堂皇、道貌岸然的口号，背后却干着权钱交易、男盗女娼的肮脏事。

我们已经没有办法离开这种"人"去思考问题，而这恰恰是西方文化人性观的逻辑演绎，对受传统文化道德生命体认识影响的国人来说，难免会感叹人心不古、人性缺失、人格不保等。很多人是通过经验观察到的，对此深信不疑，并把这种人性观作为自己思考社会、政治的前提。

我们要问的是，人注定是本性自私的吗？人注定是贪婪无度的吗？这种人注定没有办法改变吗？

人是现实的人，是社会中的人，是一定社会关系的产物。人不是生来如此的超验的存在，没有抽象的恒定的人的本质，但我们在思考中往往把人抽

象化、一般化，把一定社会关系下的人当成永恒
的人。

我们现在所处的社会是市场经济不够完善、资
本逻辑运行的社会。市场经济运行的前提是有着独
特的利益，并能运用理性去实现他的利益的自利主
体。一些西方道德哲学家普遍认为，自利是人的本
性，"每个人生来首先和主要关心自己"，市场经济
是最符合人的自利本性的，因此是最值得称颂的经
济形态。

其中的逻辑是有问题的，似乎利己是本性，是
天生如此，先有了自利本性，后来的市场经济符合
了这种本性。这其实是一种颠倒，不是人的自利的
本性推动着市场经济的建立，相反人的自利本性是
市场经济运行的必然结果，自利的经济人正是市场
经济塑造出来的历史的产物。

如果说市场经济培育出来的是着眼于个人私利
的经济人，那么资本逻辑支配之下的市场经济培育
出来的则是永不满足的贪婪之人。

资本在满足人的需求的同时刺激出来的是人的
无止境的欲求，这种欲求驱使人们不惜一切代价去
追逐利润。它的优点在于刺激人们不断提高自己的

生活水平，缺点是增加了人的贪婪以及对自然外界的无所限制的占有欲，使人的欲望成为"没有限制的欲望"。

人创造资本，资本改造人。我们可以用"资本人"来形容受资本逻辑支配的社会主体，这种人看待社会现实、社会问题，往往都是从有没有利润、有没有利益、有没有好处、有没有金钱的标准来思考，忙碌于占有更多的钱，用更多的钱再生更多的钱。永远没有钱多的时候，成为人的日常生活方式。

"资本人"居住在资本所创造的海市蜃楼中，自愿加入商品拜物教、货币拜物教、资本拜物教这些"邪教"，并甘心情愿成为听任其摆布的"教徒"，其他一切都毫不关己。这正是现代人生存的真实境遇。但我们不能因为看到资本逻辑支配下的人是自私自利的，是贪婪的，就相信人永远都是自私自利的，会贯穿于人类社会的所有阶段。

我们必须相信，人性是可以改造的，不然的话，我们就注定生活在所有人以所有人为敌的状态，人人互为手段，人与人之间注定是各种利益的敌对性的对立、斗争、战争，我们的生活将变成一

"资本人"的生活

种博弈、一场厮杀，我们对美好社会的向往就注定永远不可能实现，因为这样的"人"，自私自利、贪婪无度、穷奢极欲，为了目的不择手段，再好的制度、再好的社会也会被糟蹋。

人是可以改造的，可以通过社会制度的完善，通过生产关系、社会关系的改变加以改造。随着物质财富的丰富，政治制度、法律规范的完善，社会公平正义的渐趋实现，将使人摆脱自私、贪婪，成为真正意义上的富有的人。

共产主义涉及人性的改造，如果已经认定人性已经沉沦且不可能改变，是注定不可能理解它的。只有理解了随着社会条件的改变，人真的能够成为不自私自利的人，才会对未来有美好的想象。

结语 共产主义还能实现吗？

不止一次地被问到一个问题：共产主义还能实现吗？

我总是充满怀疑地看着提问者，并反问他：你心中是否已经有了答案？而且是有了否定的答案？你只是不说，故意问我这个问题，想从我口中说出来，得到确认。

我说：让你失望了，我只能告诉你，这个问题实际上是个"伪"问题，因为这个问题的任何答案都不能说不对。我说能实现，或者说不能实现，你都没办法证伪，因为你不能跑到未来，看一下，然后回来说，共产主义实现了，或者没实现。

所以，我告诉你，共产主义一定能实现！

共产主义对我们而言，是一种信仰，信仰的东西，你还真不能说，到哪一年，它就会出现在我们面前。正像你不能对一个信仰基督教的人说，你把上帝拉出来，让我看看一样。

共产主义是我们奋斗的目标，如果我们相信人类社会从古至今一直在不断进步的话，我们就应该相信有一个美好的社会在前面等待着我们，它就是共产主义。除非你否定这种进步的历程。

很多人感叹，这是一个没有信仰的时代！我们曾经矢志不移追求的理想信念受到了挑战，我们充满激情地说过的"我们是共产主义接班人""为共产主义奋斗终身"受到了戏谑。遗憾、惋惜、痛心是必须的，但更重要的是，我们该如何理解共产主义在今天的遭遇。

有一部探讨信仰的电影，很多人都看过，叫《少年派的奇幻漂流》，其中有一段情节：

少年派同时信奉基督教、伊斯兰教和印度教，父亲告诉他，不应该同时信三种宗教，这犯了信仰的大忌，因为一个人如果什么都信，就跟什么都不信一样。

但在长大后的派看来，理性的怀疑，恰恰是信仰坚定的必要环节，怀疑作用很大，它能使信仰保持生机活力。毕竟只有经过不断考验，才能明确自己的信仰是否足够坚定。

他回答的道理就在于：真正的信仰必须建立在有理性、有智慧的人的基础之上，理性怀疑是信仰得以建立的前提，经过理性思考、不断考验之后建立的信仰，才是真正的信仰。一群很傻很天真的人可以说有信仰，但那只是盲目的信仰，甚至可以说是愚昧的信仰。

共产主义作为信仰，不怕理性怀疑，不怕认真思考，但怕的是盲目怀疑、盲目否定，怕的是我们没有经受住考验。面对资本逻辑，面对市场经济，面对社会不公，面对环境问题，面对生活不顺，我们有所怀疑共产主义，这是必然的。但正是因为看到这些问题，我们才要更加坚信共产主义还值得奋斗，而且一定会实现。

对我们而言，共产主义提供的是希望的空间，这个希望的空间一定会带有乌托邦色彩。但如果审视一下资本幽灵游荡的当今世界，我们就会承认共产主义的现实性和紧迫性，因为谁也没办法否定，操控资本逻辑、防止资本无止境的扩张对人类社会的摧残，必将是人类社会亟待解决的根本难题。

资本逻辑操控下的现实社会不遂人意，不是说明共产主义已经失效，而是说明共产主义还没有实现，说明共产主义依然是解决现实问题的方案。只要资本运行的弊端、资本逻辑带来的问题还存在，共产主义的使命就还没有完成。

人们应该憧憬未来，不能被一时的困境所阻挡，宣布自己永远地败下阵来，再也没有对未来的美好期望。如果我们不满意现状，认为政治应该更加民主，经济应该更加发展，环境应该更加美丽，社会应该更加公平，自己应该更加自由，这都表明我们并没有放弃对共产主义的追求，对美好社会的追求。

人要有问题意识，但不能被问题所击倒。人不能停留在问题上，不去解决问题。共产主义存在的价值就在于，它告诉我们，我们还有很多的事情要做，还有很多地方值得努力。

共产主义必须实现，它不仅关乎人类社会的公平正义，关乎人更有尊严地成为人，而且关乎人类社会有没有未来、有没有希望！一句话，共产主义一定会实现，因为它代表着未来，或者说，它本身就是未来！

附录 《1844年经济学哲学手稿》节选

[异化劳动和私有财产]

[**XXII**] 我们是从国民经济学的各个前提出发的。我们采用了它的语言和它的规律。我们把私有财产，把劳动、资本、土地的互相分离，工资、资本利润、地租的互相分离以及分工、竞争、交换价值概念等等当做前提。我们从国民经济学本身出发，用它自己的话指出，工人降低为商品，而且降低为最贱的商品；工人的贫困同他的生产的影响和规模成反比；竞争的必然结果是资本在少数人手中积累起来，也就是垄断的更惊人的恢复；最后，资本家和地租所得者之间、农民和工人之间的区别消失了，而整个社会必然分化为两个阶级，即有产者阶级和没有财产的工人阶级。

国民经济学从私有财产的事实出发。它没有给我们说明这个事实。它把私有财产在现实中所经历的物质过程，放进一般的、抽象的公式，然后把这些公式当做规律。它不理解这些规律，就是说，它没有指明这些规律是怎样从私有财产的本质中产生出来的。国民经济学没有向我们说明劳动和资本分离以及资本和土地分离的原因。例如，当它确定工资和资本利润之间的关系时，它把资本家的利益当做最终原因；就是说，它把应当加以阐明的东西当做前提。同样，竞争到处出现，对此它则用外部情况来说明。至于这种似乎偶然的外部情况在多大程度上仅仅是一种必然的发展过程的表现，国民经济学根本没有向我们讲明。我们已经看到，交换本身在它看来是偶然的事实。贪欲以及贪欲者之间的战争即竞争，是国民经济学家所推动的仅有的车轮。①

正因为国民经济学不理解运动的联系，所以才把例如竞争的学说同垄断的学说，经营自由的学说同同业公会的学说，地产分割的学说同大地产的学说重新对立起来。因为竞争、经营自由、地产分割仅仅被阐述和理解为垄断、同业公会和封建所有制的偶然的、蓄意的、强制的结果，而不是必然的、不可避免的、自然的结果。

因此，我们现在必须弄清楚私有制、贪欲以及劳动、资本、地产三者的分离之间，交换和竞争之间、人的价值和人的贬值之间、垄断和竞争等等之间以及这全部异化和货币制度之间的本质联系。

---

① 手稿中这段话下面删去一句话："我们现在必须回顾上述财产的物质运动的本质。"——编者注

我们不要像国民经济学家那样，当他想说明什么的时候，总是置身于一种虚构的原始状态。这样的原始状态什么问题也说明不了。国民经济学家只是使问题堕入五里雾中。他把应当加以推论的东西即两个事物之间的例如分工和交换之间的必然关系，假定为事实、事件。神学家也是这样用原罪来说明恶的起源，就是说，他把他应当加以说明的东西假定为一种具有历史形式的事实。

我们且从当前的国民经济的事实出发。

工人生产的财富越多，他的生产的影响和规模越大，他就越贫穷。工人创造的商品越多，他就越变成廉价的商品。物的世界的增值同人的世界的贬值成正比。劳动生产的不仅是商品，它还生产作为商品的劳动自身和工人，而且是按它一般生产商品的比例生产的。

这一事实无非是表明：劳动所生产的对象，即劳动的产品，作为一种异己的存在物，作为不依赖于生产者的力量，同劳动相对立。劳动的产品是固定在某个对象中的、物化的劳动，这就是劳动的对象化。劳动的现实化就是劳动的对象化。在国民经济的实际状况中，劳动的这种现实化表现为工人的非现实化，对象化表现为对象的丧失和被对象奴役，占有表现为异化、外化 。

劳动的现实化竟如此表现为非现实化，以致工人非现实化到饿死的地步。对象化竟如此表现为对象的丧失，以致工人被剥夺了最必要的对象——不仅是生活的必要对象，而且是劳动的必要对象。甚至连劳动本身也成为工人只有通过最大的努力和极不规则的间歇才能加以占有的对象。对对象的占有竟如此表现为异化，以致工人生产的对象越多，他能够占有的对象就越少，而且越受自己的产品即资本的统治。

这一切后果包含在这样一个规定中：工人对自己的劳动的产品的关系就是对一个异己的对象的关系。因为根据这个前提，很明显，工人在劳动中耗费的力量越多，他亲手创造出来反对自身的、异己的对象世界的力量就越强大，他自身、他的内部世界就越贫乏，归他所有的东西就越少。宗教方面的情况也是如此。人奉献给上帝的越多，他留给自身的就越少。工人把自己的生命投入对象；但现在这个生命已不再属于他而属于对象了。因此，这种活动越多，工人就越丧失对象。凡是成为他的劳动的产品的东西，就不再是他自身的东西。因此，这个产品越多，他自身的东西就越少。工人在他的产品中的外化，不仅意味着他的劳动成为对象，成为外部的存在，而且意味着他的劳动作为一种与他相异的东西不依赖于他而在他之外存在，并成为同他对立的独立力量；意味着他给予对象的生命是作为敌对的和相异的东西同他相对立。

〔XXIII〕现在让我们来更详细地考察一下对象化，即工人的生产，以及对象即工人的产品在对象化中的异化、丧失。

没有自然界，没有感性的外部世界，工人什么也不能创造。自然界是工人的劳动得以实现、工人的劳动在其中活动、工人的劳动从中生产出和借以生产出自己的产品的材料。

但是，自然界一方面在这样的意义上给劳动提供生活资料，即没有劳动加工的对象，劳动就不能存在，另一方面，也在更狭隘的意义上提供生活资料，即维持工人本身的肉体生存的手段。

因此，工人越是通过自己的劳动占有外部世界、感性自然界，他就越是在两个方面失去生活资料：第一，感性的外部世界越来越不成为属于他的劳动的对象，不成为他的劳动的生活资料；第二，感性的外部世界越来越不给他提供直接意义的生活资料，即维持工人的肉体生存的手段。

因此，工人在这两方面成为自己的对象的奴隶：首先，他得到劳动的对象，也就是得到工作；其次，他得到生存资料。因此，他首先是作为工人，其次是作为肉体的主体，才能够生存。这种奴隶状态的顶点就是：他只有作为工人才能维持自己作为肉体的主体，并且只有作为肉体的主体才能是工人。

（按照国民经济学的规律，工人在他的对象中的异化表现在：工人生产得越多，他能够消费的越少；他创造的价值越多，他自己越没有价值、越低贱；工人的产品越完美，工人自己越畸形；工人创造的对象越文明，工人自己越野蛮；劳动越有力量，工人越无力；劳动越机巧，工人越愚笨，越成为自然界的奴隶。）

国民经济学由于不考察工人（劳动）同产品的直接关系而掩盖劳动本质的异化。当然，劳动为富人生产了奇迹般的东西，但是为工人生产了赤贫。劳动生产了宫殿，但是给工人生产了棚舍。劳动生产了美，但是使工人变成畸形。劳动用机器代替了手工劳动，但是使一部分工人回到野蛮的劳动，并使另一部分工人变成机器。劳动生产了智慧，但是给工人生产了愚钝和痴呆。

劳动对它的产品的直接关系，是工人对他的生产的对象的关系。有产者对生产对象和生产本身的关系，不过是这前一种关系的结果，而且证实了这一点。对问题的这另一个方面我们将在后面加以考察。因此，当我们问劳动的本质关系是什么的时候，我们问的是工人对生产的关系。

以上我们只是从一个方面，就是从工人对他的劳动产品的关系这个方面，考察了工人的异化、外化。

但是，异化不仅表现在结果上，而且表现在生产行为中，表现在生产活动本身中。如果工人不是在生产行为本身中使自身异化，那么工人活动的产品怎么会作为相异的东西同工人对立呢？产品不过是活动、生产的总结。因此，如果劳动的产品是外化，那么生产本身必然是能动的外化，活动的外化，外化的活动。在劳动对象的异化中不过总结了劳动活动本身的异化、外化。

那么，劳动的外化表现在什么地方呢？

首先，劳动对工人来说是外在的东西，也就是说，不属于他的本质；因此，他在自己的劳动中不是肯定自己，而是否定自己，不是感到幸福，而是感到不幸，不是自由地发挥自己的体力和智力，而是使自己的肉体受折磨、精神遭摧残。因此，工人只有在劳动之外才感到自在，而在劳动中则感到不自在，他在不劳动时觉得舒畅，而在劳动时就觉得不舒畅。因此，他的劳动不是自愿的劳动，而是被迫的强制劳动。因此，这种劳动不是满足一种需要，而只是满足劳动以外的那些需要的一种手段。劳动的异己性完全表现在：只要肉体的强制或其他强制一停止，人们就会像逃避瘟疫那样逃避劳动。外在的劳动，人在其中使自己外化的劳动，是一种自我牺牲、自我折磨的劳动。最后，对工人来说，劳动的外在性表现在：这种劳动不是他自己的，而是别人的；劳动不属于他；他在劳动中也不属于他自己，而是属于别人。在宗教中，人的幻想、人的头脑和人的心灵的自主活动对个人发生作用不取决于他个人，就是说，是作为某种异己的活动，神灵的或魔鬼的活动发生作用，同样，工人的活动也不是他的自主活动。他的活动属于别人，这种活动是他自身的丧失。

因此，结果是，人（工人）只有在运用自己的动物机能——吃、喝、生殖，至多还有居住、修饰等等——的时候，才觉得自己在自由活动，而在运用人的机能时，觉得自己只不过是动物。动物的东西成为人的东西，而人的东西成为动物的东西。

吃、喝、生殖等等，固然也是真正的人的机能。但是，如果加以抽象，使这些机能脱离人的其他活动领域并成为最后的和唯一的终极目的，那它们就是动物的机能。

我们从两个方面考察了实践的人的活动即劳动的异化行为。第一，工人对劳动产品这个异己的、统治着他的对象的关系。这种关系同时也是工人对感性的外部世界、对自然对象——异己的与他敌对的世界——的关系。第二，在劳动过程中劳动对生产行为的关系。这种关系是工人对他自己的活动——一种异己的、不属于他的活动——的关系。在这里，活动是受动；力量是无力；生殖是去势；工人自己的体力和智力，他个人的生命——因为，生命如果不是活动，又是什么呢？——是不依赖于他、不属于他、转过来反对他自身的活动。这是自我异化，而上面所谈的是物的异化。

［**XXIV**］我们现在还要根据在此以前考察的异化劳动的两个规定推出它的第三个规定。

人是类存在物，不仅因为人在实践上和理论上都把类——他自身的类以及其他物的类——当做自己的对象；而且因为——这只是同一种事物的另一种说法——人把自身当做现有的、有生命的类来对待，因为人把自身当做普遍的因而也是自由的存在物来对待。

无论是在人那里还是在动物那里，类生活从肉体方面来说就在于人（和动物一样）靠无机界生活，而人和动物相比越有普遍性，人赖以生活的无机界的范围就越广阔。从理论领域来说，植物、动物、石头、空气、光等等，一方面作为自然科学的对象，一方面作为艺术的对象，都是人的意识的一部分，是人的精神的无机界，是人必须事先进行加工以便享用和消化的精神食粮；同样，从实践领域来说，这些东西也是人的生活和人的活动的一部分。人在肉体上只有靠这些自然产品才能生活，不管这些产品是以食物、燃料、衣着的形式还是以住房等等的形式表现出来。在实践上，人的普遍性正是表现为这样的普遍性，它把整个自然界——首先作为人的直接的生活资料，其次作为人的生命活动的对象（材料)① 和工具——变成人的无机的身体。自然界，就它自身不是人的身体而言，是人的无机的身体。人靠自然界生活。这就是说，自然界是人为了不致死亡而必须与之处于持续不断的交互作用过程的、人的身体。所谓人的肉体生活和精神生活同自然界相联系，不外是说自然界同自身相联系，因为人是自然界的一部分。

异化劳动，由于（1）使自然界同人相异化，（2）使人本身，使他自己的活动机能，使他的生命活动同人相异化，因此，异化劳动也就使类同人相异化；对人来说，异化劳动把类生活变成维持个人生活的手段。第一，它使类生活和个人生活异化；第二，它把抽象形式的个人生活变成同样是抽象形式和异化形式的类生活的目的。

因为，首先，劳动这种生命活动、这种生产生活本身对人来说不过是满足一种需要即维持肉体生存的需要的一种手段。而生产生活就是类生活。这是产生生命的生活。一个种的整体特性、种的类特性就在于生命活动的性质，而自由的有意识的活动恰恰就是人的类特性。生活本身仅仅表现为生活的手段。

————————————

① 手稿中"材料"写在"对象"的上方。——编者注

动物和自己的生命活动是直接同一的。动物不把自己同自己的生命活动区别开来。它就是自己的生命活动。人则使自己的生命活动本身变成自己意志的和自己意识的对象。他具有有意识的生命活动。这不是人与之直接融为一体的那种规定性。有意识的生命活动把人同动物的生命活动直接区别开来。正是由于这一点，人才是类存在物。或者说，正因为人是类存在物，他才是有意识的存在物，就是说，他自己的生活对他来说是对象。仅仅由于这一点，他的活动才是自由的活动。异化劳动把这种关系颠倒过来，以致人正因为是有意识的存在物，才把自己的生命活动，自己的本质变成仅仅维持自己生存的手段。

通过实践创造对象世界，改造无机界，人证明自己是有意识的类存在物，就是说是这样一种存在物，它把类看做自己的本质，或者说把自身看做类存在物。诚然，动物也生产。动物为自己营造巢穴或住所，如蜜蜂、海狸、蚂蚁等。但是，动物只生产它自己或它的幼仔所直接需要的东西；动物的生产是片面的，而人的生产是全面的；动物只是在直接的肉体需要的支配下生产，而人甚至不受肉体需要的影响也进行生产，并且只有不受这种需要的影响才进行真正的生产；动物只生产自身，而人再生产整个自然界；动物的产品直接属于它的肉体，而人则自由地面对自己的产品。

动物只是按照它所属的那个种的尺度和需要来构造，而人却懂得按照任何一个种的尺度来进行生产，并且懂得处处都把固有的尺度运用于对象；因此，人也按照美的规律来构造。

因此，正是在改造对象世界的过程中，人才真正地证明自己是类存在物。这种生产是人的能动的类生活。通过这种生产，自然界才表现为他的作品和他的现实。因此，劳动的对象是人的类生活的对象化：人不仅像在意识中那样在精神上使自己二重化，而且能动地、现实地使自己二重化，从而在他所创造的世界中直观自身。因此，异化劳动从人那里夺去了他的生产的对象，也就从人那里夺去了他的类生活，即他的现实的类对象性，把人对动物所具有的优点变成缺点，因为人的无机的身体即自然界被夺走了。

同样，异化劳动把自主活动、自由活动贬低为手段，也就把人的类生活变成维持人的肉体生存的手段。

因此，人具有的关于自己的类的意识，由于异化而改变，以致类生活对他来说竟成了手段。

这样一来，异化劳动导致：

（3）人的类本质，无论是自然界，还是人的精神的类能力，都变成了对人来说是异己的本质，变成了维持他的个人生存的手段。异化劳动使人自己的身体同人相异化，同样也使在人之外的自然界同人相异化，使他的精神本质、他的人的本质同人相异化。

（4）人同自己的劳动产品、自己的生命活动、自己的类本质相异化的直接结果就是人同人相异化。当人同自身相对立的时候，他也同他人相对立。凡是适用于人对自己的劳动、对自己的劳动产品和对自身的关系的东西，也都适用于人对他人、对他人的劳动和劳动对象的关系。

总之，人的类本质同人相异化这一命题，说的是一个人同他人相异化，以及他们中的每个人都同人的本质相异化。

人的异化，一般地说，人对自身的任何关系，只有通过人对他人的关系才得到实现和表现。

因此，在异化劳动的条件下，每个人都按照他自己作为工人所具有的那种尺度和关系来观察他人。

[XXV] 我们的出发点是国民经济事实即工人及其生产的异化。我们表述了这一事实的概念：异化的、外化的劳动。我们分析了这一概念，因而我们只是分析了一个国民经济事实。

现在让我们看一看，应该怎样在现实中去说明和表述异化的、外化的劳动这一概念。

如果劳动产品对我来说是异己的，是作为异己的力量面对着我，那么它到底属于谁呢？

如果我自己的活动不属于我，而是一种异己的活动、一种被迫的活动，那么它到底属于谁呢？

属于另一个有别于我的存在物。

这个存在物是谁呢？

是神吗？确实，起初主要的生产活动，如埃及、印度、墨西哥建造神庙的活动等等，不仅是为供奉神而进行的，而且产品本身也是属于神的。但是，神从来不是劳动的唯一主宰。自然界也不是。况且，在人通过自己的劳动使自然界日益受自己支配的情况下，在工业奇迹使神的奇迹日益变得多余的情况下，如果人竟然为讨好这些力量而放弃生产的乐趣和对产品的享受，那岂不是十分矛盾的事情。

劳动和劳动产品所归属的那个异己的存在物，劳动为之服务和劳动产品供其享受的那个存在物，只能是人自身。

如果劳动产品不是属于工人，而是作为一种异己的力量同工人相对立，那么这只能是由于产品属于工人之外的他人。如果工人的活动对他本身来说是一种痛苦，那么这种活动就必然给他人带来享受和生活乐趣。不是神也不是自然界，只有人自身才能成为统治人的异己力量。

还必须注意上面提到的这个命题：人对自身的关系只有通过他对他人的关系，才成为对他来说是对象性的、现实的关系。因此，如果人对自己的劳动产品的关系、对对象化劳动的关系，就是对一个异己的、敌对的、强有力的、不依赖于他的对象的关系，那么他对这一对象所以发生这种关系就在于有另一个异己的、敌对的、强有力的、不依赖于他的人是这一对象的主宰。如果人把他自己的活动看做一种不自由的活动，那么他是把这种活动看做替他人服务的、受他人支配的、处于他人的强迫和压制之下的活动。

人同自身以及同自然界的任何自我异化，都表现在他使自身、使自然界跟另一些与他不同的人所发生的关系上。因此，宗教的自我异化也必然表现在世俗人对僧侣或者世俗人对耶稣基督——因为这里涉及精神世界——等等的关系上。在实践的、现实的世界中，自我异化只有通过对他人的实践的、现实的关系才能表现出来。异化借以实现的手段本身就是实践的。因此，通过异化劳动，人不仅生产出他对作为异己的、敌对的力量的生产对象和生产行为的关系，而且还生产出他人对他的生产和他的产品的关系，以及他对这些他人的关系。正像他把他自己的生产变成自己的非现实化，变成对自己的惩罚一样，正像他丧失掉自己的产品并使它变成不属于他的产品一样，他也生产出不生产的人对生产和产品的支配。正像他使他自己的活动同自身相异化一样，他也使与他相异的人占有非自身的活动。

到目前为止，我们只是从工人方面考察了这一关系；下面我们还要从非工人方面来加以考察。

总之，通过异化的、外化的劳动，工人生产出一个同劳动疏远的、站在劳动之外的人对这个劳动的关系。工人对劳动的关系，生产出资本家——或者不管人们给劳动的主宰起个什么别的名字——对这个劳动的关系。

因此，私有财产是外化劳动即工人对自然界和对自身的外在关系的产物、结果和必然后果。

因此，我们通过分析，从外化劳动这一概念，即从外化的人、异化劳动、异化的生命、异化的人这一概念得出私有财产这一概念。

诚然，我们从国民经济学得到作为私有财产运动之结果的外化劳动（外化的生命）这一概念。但是，对这一概念的分析表明，尽管私有财产表现为外化劳动的根据和原因，但确切地说，它是外化劳动的后果，正像神原先不是人类理智迷误的原因，而是人类理智迷误的结果一样。后来，这种关系就变成相互作用的关系。

私有财产只有发展到最后的、最高的阶段，它的这个秘密才重新暴露出来，就是说，私有财产一方面是外化劳动的产物，另一方面又是劳动借以外化的手段，是这一外化的实现。

这些论述使至今没有解决的各种矛盾立刻得到阐明。

（1）国民经济学虽然从劳动是生产的真正灵魂这一点出发，但是它没有给劳动提供任何东西，而是给私有财产提供了一切。蒲鲁东从这个矛盾得出了有利于劳动而不利于私有财产的结论。然而，我们看到，这个表面的矛盾是异化劳动同自身的矛盾，而国民经济学只不过表述了异化劳动的规律罢了。

因此，我们也看到，工资和私有财产是同一的，因为用劳动产品、劳动对象来偿付劳动本身的工资，不过是劳动异化的必然后果，因为在工资中，劳动并不表现为目的本身，而表现为工资的奴仆。下面我们要详细说明这个问题，现在还只是作出几点［XXVI］结论。

强制提高工资（且不谈其他一切困难，不谈强制提高工资这种反常情况也只有靠强制才能维持），无非是给奴隶以较多工资，而且既不会使工人也不会使劳动获得人的身份和尊严。

甚至蒲鲁东所要求的工资平等，也只能使今天的工人对自己的劳动的关系变成一切人对劳动的关系。这时社会就被理解为抽象的资本家。

工资是异化劳动的直接结果，而异化劳动是私有财产的直接原因。因此，随着一方衰亡，另一方也必然衰亡。

（2）从异化劳动对私有财产的关系可以进一步得出这样的结论：社会从私有财产等等解放出来、从奴役制解放出来，是通过工人解放这种政治形式来表现的，这并不是因为这里涉及的仅仅是工人的解放，而是因为工人的解放还包含普遍的人的解放；其所以如此，是因为整个的人类奴役制就包含在工人对生产的关系中，而一切奴役关系只不过是这种关系的变形和后果罢了。

正如我们通过分析从异化的、外化的劳动的概念得出私有财产的概念一样，我们也可以借助这两个因素来阐明国民经济学的一切范畴，而且我们将重新发现，每一个范畴，例如买卖、竞争、资本、货币，不过是这两个基本因素的特定的、展开了的表现而已。

但是，在考察这些范畴的形成以前，我们还打算解决两个任务：

（1）从私有财产对真正人的和社会的财产的关系来规定作为异化劳动的结果的私有财产的普遍本质。

（2）我们已经承认劳动的异化、劳动的外化这个事实，并对这一事实进行了分析。现在要问，人是怎样使自己的劳动外化、异化的？这种异化又是怎样由人的发展的本质引起的？我们把私有财产的起源问题变为外化劳动对人类发展进程的关系问题，就已经为解决这一任务得到了许多东西。因为人们谈到私有财产时，总以为是涉及人之外的东西。而人们谈到劳动时，则认为是直接关系到人本身。问题的这种新的提法本身就已包含问题的解决。

补入（1）私有财产的普遍本质以及私有财产对真正人的财产的关系。

在这里外化劳动分解为两个组成部分，它们互相制约，或者说，它们只是同一种关系的不同表现，占有表现为异化、外化，而外化表现为占有，异化表现为真正得到公民权。

我们已经考察了一个方面，考察了外化劳动对工人本身的关系，也就是说，考察了外化劳动对自身的关系。我们发现，这一关系的产物或必然结果是非工人对工人和劳动的财产关系。私有财产作为外化劳动的物质的、概括的表现，包含着这两种关系：工人对劳动、对自己的劳动产品和对非工人的关系，以及非工人对工人和工人的劳动产品的关系。

我们已经看到，对于通过劳动而占有自然界的工人来说，占有表现为异化，自主活动表现为替他人活动和表现为他人的活动，生命的活跃表现为生命的牺牲，对象的生产表现为对象的丧失，即对象转归异己力量、异己的人所有。现在我们就来考察一下这个同劳动和工人疏远的人对工人、劳动和劳动对象的关系。

首先必须指出，凡是在工人那里表现为外化的、异化的活动的东西，在非工人那里都表现为外化的、异化的状态。

其次，工人在生产中的现实的、实践的态度，以及他对产品的态度（作为一种内心状态），在同他相对立的非工人那里表现为理论的态度。

[XXVII] 第三，凡是工人做的对自身不利的事，非工人都对工人做了，但是，非工人做的对工人不利的事，他对自身却不做。

我们来进一步考察这三种关系。

[私有财产和共产主义]

X 补入第 XXXIX 页。但是，无产和有产的对立，只要还没有把它理解为劳动和资本的对立，它还是一种无关紧要的对立，一种没有从它的能动关系上、它的内在关系上来理解的对立，还没有作为矛盾来理解的对立。这种对立即使没有私有财产的前进运动也能以最初的形式表现出来，如在古罗马、土耳其等。因此，它还不表现为由私有财产本身设定的对立。但是，作为对财产的排除的劳动，即私有财产的主体本质，和作为对劳动的排除的资本，即客体化的劳动，——这就是作为发展了的矛盾关系、因而也就是作为促使矛盾得到解决的能动关系的私有财产。

XX补入同一页。自我异化的扬弃同自我异化走的是同一条道路。最初，对私有财产只是从它的客体方面来考察，——但是劳动仍然被看成它的本质。因此，它的存在形式就是"本身"应被消灭的资本。（蒲鲁东。）或者，劳动的特殊方式，即划一的、分散的因而是不自由的劳动，被理解为私有财产的有害性的根源，理解为私有财产同人相异化的存在的根源——傅立叶，他和重农学派一样，也把农业劳动看成至少是最好的劳动，而圣西门则相反，他把工业劳动本身说成本质，因此他渴望工业家独占统治，渴望改善工人状况。[①] 最后，共产主义是被扬弃了的私有财产的积极表现；起先它是作为普遍的私有财产出现的。由于这种共产主义是从私有财产的普遍性来看私有财产关系的，所以共产主义……

（1）在它的最初的形态中不过是私有财产关系的普遍化和完成。而作为这种关系的普遍化和完成，共产主义是以双重的形态表现出来的：首先，实物财产的统治在这种共产主义面前显得如此强大，以致它想把不能被所有的人作为私有财产占有的一切都消灭；它想用强制的方法把才能等等抛弃。在这种共产主义

---

① 昂·圣西门的这些论点，见他的《实业家问答》1824年巴黎版。——编者注

看来，物质的直接的占有是生活和存在的唯一目的；工人这个规定并没有被取消，而是被推广到一切人身上；私有财产关系仍然是共同体同物的世界的关系；最后，这个用普遍的私有财产来反对私有财产的运动是以一种动物的形式表现出来的：用公妻制——也就是把妇女变为公有的和共有的财产——来反对婚姻（它确实是一种排他性的私有财产的形式）。人们可以说，公妻制这种思想是这个还相当粗陋的和毫无思想的共产主义的昭然若揭的秘密。正像妇女从婚姻转向普遍卖淫一样，财富——也就是人的对象性的本质——的整个世界，也从它同私有者的排他性的婚姻的关系转向它同共同体的普遍卖淫关系。这种共产主义——由于它到处否定人的个性——只不过是私有财产的彻底表现，私有财产就是这种否定。普遍的和作为权力而形成的忌妒，是贪欲所采取的并且只是用另一种方式使自己得到满足的隐蔽形式。任何私有财产本身所产生的思想，至少对于比自己更富足的私有财产都含有忌妒和平均主义欲望，这种忌妒和平均主义欲望甚至构成竞争的本质。粗陋的共产主义者不过是充分体现了这种忌妒和这种从想象的最低限度出发的平均主义。他具有一个特定的、有限制的尺度。对整个文化和文明的世界的抽象否定，向贫穷的、需求不高的人——他不仅没有超越私有财产的水平，甚至从来没有达到私有财产的水平——的非自然的〔IV〕简单状态的倒退，恰恰证明对私有财产的这种扬弃决不是真正的占有。

共同性只是劳动的共同性以及由共同的资本——作为普遍的资本家的共同体——所支付的工资的平等的共同性。相互关系的两个方面被提高到想象的普遍性：劳动是为每个人设定的天职，而资本是共同体的公认的普遍性和力量。

把妇女当做共同淫欲的虏获物和婢女来对待，这表现了人在对待自身方面的无限的退化，因为这种关系的秘密在男人对妇女的关系上，以及在对直接的、自然的类关系的理解方式上，都毫不含糊地、确凿无疑地、明显地、露骨地表现出来。人对人的直接的、自然的、必然的关系是男人对妇女的关系。在这种自然的类关系中，人对自然的关系直接就是人对人的关系，正像人对人的关系直接就是人对自然的关系，就是他自己的自然的规定。因此，这种关系通过感性的形式，作为一种显而易见的事实，表现出人的本质在何种程度上对人来说成为自然，或者自然在何种程度上成为人具有的人的本质。因此，从这种关系就可以判断人的整个文化教养程度。从这种关系的性质就可以看出，人在何种程度上对自己来说成为并把自身理解为类存在物、人。男人对妇女的关系是人对人最自然的关系。因此，这种关系表明人的自然的行为在何种程度上是合乎人性的，或者，人的本质在何种程度上对人来说成为自然的本质，他的人的本性在何种程度上对他来说成为自然。这种关系还表明，人的需要在何种程度上成为合乎人性的需要，就是说，别人作为人在何种程度上对他来说成为需要，他作为最具有个体性的存在在何种程度上同时又是社会存在物。

由此可见，对私有财产的最初的积极的扬弃，即粗陋的共产主义，不过是私有财产的卑鄙性的一种表现形式，这种私有财产力图把自己设定为积极的共同体。

（2）共产主义（α）还具有政治性质，是民主的或专制的；（β）是废除国家的，但同时是尚未完成的，并且仍然处于私有财产即人的异化的影响下。这两种形式的共产主义都已经认识到自己是人向自身的还原或复归，是人的自我异化的扬弃；但是，因为它还没有理解私有财产的积极的本质，也还不了解需要所具有的人的本性，所以它还受私有财产的束缚和感染。它虽然已经理解私有财产这一概念，但是还不理解它的本质。

（3）共产主义是对私有财产即人的自我异化的积极的扬弃，因而是通过人并且为了人而对人的本质的真正占有；因此，它是人向自身、也就是向社会的即合乎人性的人的复归，这种复归是完全的复归，是自觉实现并在以往发展的全部财富的范围内实现的复归。这种共产主义，作为完成了的自然主义，等于人道主义，而作为完成了的人道主义，等于自然主义，它是人和自然界之间、人和人之间的矛盾的真正解决，是存在和本质、对象化和自我确证、自由和必然、个体和类之间的斗争的真正解决。它是历史之谜的解答，而且知道自己就是这种解答。

[Ⅴ] 因此，历史的全部运动，既是这种共产主义的现实的产生活动，即它的经验存在的诞生活动，同时，对它的思维着的意识来说，又是它的被理解和被认识到的生成运动；而上述尚未完成的共产主义则从个别的与私有财产相对立的历史形态中为自己寻找历史的证明，在现存的事物中寻找证明，它从运动中抽出个别环节（卡贝、维尔加德尔等人尤其喜欢卖弄这一套），把它们作为自己是历史的纯种的证明固定下来；但是，它这样做恰好说明：历史运动的绝大部分是同它的论断相矛盾的，如果它曾经存在过，那么它的这种过去的存在恰恰反驳了对本质的奢求。

不难看到，整个革命运动必然在私有财产的运动中，即在经济的运动中，为自己既找到经验的基础，也找到理论的基础。

这种物质的、直接感性的私有财产，是异化了的人的生命的物质的、感性的表现。私有财产的运动——生产和消费——是迄今为止全部生产的运动的感性展现，就是说，是人的实现或人的现实。宗教、家庭、国家、法、道德、科学、艺术等等，都不过是生产的一些特殊的方式，并且受生产的普遍规律的支配。因此，对私有财产的积极的扬弃，作为对人的生命的占有，是对一切异化的积极的扬弃，从而是人从宗教、家庭、国家等等向自己的合乎人性的存在即社会的存在的复归。宗教的异化本身只是发生在意识领域、人的内心领域，而经济的异化是现实生活的异化，——因此对异化的扬弃包括两个方面。不言而喻，在不同的民族那里，运动从哪个领域开始，这要看一个民族的真正的、公认的生活主要是在意识领域还是在外部世界进行，这种生活更多地是观念的生活还是现实的生活。共产主义是径直从无神论开始的（欧文），而无神论最初还根本不是共产主义；那种无神论主要还是一个抽象。——因此，无神论的博爱最初还只是哲学的、抽象的博爱，而共产主义的博爱则径直是现实的和直接追求实效的。——

我们已经看到，在被积极扬弃的私有财产的前提下，人如何生产人——他自己和别人；直接体现他的个性的对象如何是他自己为别人的存在，同时是这个别人的存在，而且也是这个别人为他的存在。但是，同样，无论是劳动的材料还是作为主体的人，都既是运动的结果，又是运动的出发点（并且二者必须是这个出发点，私有财产的历史必然性就在于此）。因此，社会性质是整个运动的普遍性质；正像社会本身生产作为人的人一样，社会也是由人生产的。活动和享受，无论就其内容或就其存在方式来说，都是社会的活动和社会的享受。自然界的人的本质只有对社会的人来说才是存在的；因为只有在社会中，自然界对人来说才是人与人联系的纽带，才是他为别人的存在和别人为他的存在，只有在社会中，自然界才是人自己的合乎人性的存在的基础，才是人的现实的生活要素。只有在社会中，人的自然的存在对他来说才是人的合乎人性的存在，并且自然界对他来说才成为人。因此，社会是人同自然界的完成了的本质的统一，是自然界的真正复活，是人的实现了的自然主义和自然界的实现了的人道主义。①

[VI] 社会的活动和社会的享受决不仅仅存在于直接共同的活动和直接共同的享受这种形式中，虽然共同的活动和共同的享受，即直接通过同别人的实际交

———————————

① 马克思在这一页结尾标示的通栏线下面写了一句话："卖淫不过是工人普遍卖淫的一个特殊表现，因为卖淫是一种关系，这种关系不仅包括卖淫者，而且包括逼人卖淫者——后者的下流无耻尤为严重——，因此，资本家等等也包括在卖淫这一范畴中。"——编者注

往表现出来和得到确证的那种活动和享受，在社会性的上述直接表现以这种活动的内容的本质为根据并且符合这种享受的本性的地方都会出现。

甚至当我从事科学之类的活动，即从事一种我只在很少情况下才能同别人进行直接联系的活动的时候，我也是社会的，因为我是作为人活动的。不仅我的活动所需的材料——甚至思想家用来进行活动的语言——是作为社会的产品给予我的，而且我本身的存在就是社会的活动；因此，我从自身所做出的东西，是我从自身为社会做出的，并且意识到我自己是社会存在物。

我的普遍意识不过是以现实共同体、社会存在物为生动形态的那个东西的理论形态，而在今天，普遍意识是现实生活的抽象，并且作为这样的抽象是与现实生活相敌对的。因此，我的普遍意识的活动——作为一种活动——也是我作为社会存在物的理论存在。

首先应当避免重新把"社会"当做抽象的东西同个体对立起来。个体是社会存在物。因此，他的生命表现，即使不采取共同的、同他人一起完成的生命表现这种直接形式，也是社会生活的表现和确证。人的个体生活和类生活不是各不相同的，尽管个体生活的存在方式是——必然是——类生活的较为特殊的或者较为普遍的方式，而类生活是较为特殊的或者较为普遍的个体生活。

作为类意识，人确证自己的现实的社会生活，并且只是在思维中复现自己的现实存在；反之，类存在则在类意识中确证自己，并且在自己的普遍性中作为思维着的存在物自为地存在着。

因此，人是特殊的个体，并且正是人的特殊性使人成为个体，成为现实的、单个的社会存在物，同样，人也是总体，是观念的总体，是被思考和被感知的社会的自为的主体存在，正如人在现实中既作为对社会存在的直观和现实享受而存在，又作为人的生命表现的总体而存在一样。

可见，思维和存在虽有区别，但同时彼此又处于统一中。

死似乎是类对特定的个体的冷酷的胜利，并且似乎是同类的统一相矛盾的；但是，特定的个体不过是一个特定的类存在物，而作为这样的存在物是迟早要死的。

//（4）私有财产不过是下述情况的感性表现：人变成对自己来说是对象性的，同时，确切地说，变成异己的和非人的对象；他的生命表现就是他的生命的外化，他的现实化就是他的非现实化，就是异己的现实。同样，对私有财产的积极的扬弃，就是说，为了人并且通过人对人的本质和人的生命、对象性的人和人的产品的感性的占有，不应当仅仅被理解为直接的、片面的享受，不应当仅仅被理解为占有、拥有。人以一种全面的方式，就是说，作为一个完整的人，占有自己的全面的本质。人对世界的任何一种人的关系——视觉、听觉、嗅觉、味觉、触觉、思维、直观、情感、愿望、活动、爱，——总之，他的个体的一切器官，正像在形式上直接是社会的器官的那些器官一样，[VII]是通过自己的对象性关系，即通过自己同对象的关系而对对象的占有，对人的现实的占有；这些器官同对象的关系，是人的现实的实现（因此，正像人的本质规定和活动是多种多样的一样，人的现实也是多种多样的），是人的能动和人的受动，因为按人的方式来理解的受动，是人的一种自我享受。//

//私有制使我们变得如此愚蠢而片面，以致一个对象，只有当它为我们所拥有的时候，就是说，当它对我们来说作为资本而存在，或者它被我们直接占有，被我们吃、喝、穿、住等等的时候，简言之，在它被我们使用的时候，才是我们的。尽管私有制本身也把占有的这一切直接实现仅仅看做生活手段，而它们作为手段为之服务的那种生活，是私有制的生活——劳动和资本化。//

//因此，一切肉体的和精神的感觉都被这一切感觉的单纯异化即拥有的感觉所代替。人的本质只能被归结为这种绝对的贫困，这样它才能够从自身产生出它的内在丰富性。（关于拥有这个范畴，见《二十一印张》文集中赫斯的论文。）//

//因此，对私有财产的扬弃，是人的一切感觉和特性的彻底解放；但这种扬弃之所以是这种解放，正是因为这些感觉和特性无论在主体上还是在客体上都成为人的。眼睛成为人的眼睛，正像眼睛的对象成为社会的、人的、由人并为了人创造出来的对象一样。因此，感觉在自己的实践中直接成为理论家。感觉为了物而同物发生关系，但物本身是对自身和对人的一种对象性的、人的关系，反过来也是这样。// //当物按人的方式同人发生关系时，我才能在实践上按人的方式同物发生关系。因此，需要和享受失去了自己的利己主义性质，而自然界失去了自己的纯粹的有用性，因为效用成了人的效用。

同样，别人的感觉和精神也为我自己所占有。因此，除了这些直接的器官以外，还以社会的形式形成社会的器官。例如，同他人直接交往的活动等等，成为我的生命表现的器官和对人的生命的一种占有方式。

不言而喻，人的眼睛与野性的、非人的眼睛得到的享受不同，人的耳朵与野性的耳朵得到的享受不同，如此等等。

我们知道，只有当对象对人来说成为人的对象或者说成为对象性的人的时候，人才不致在自己的对象中丧失自身。只有当对象对人来说成为社会的对象，人本身对自己来说成为社会的存在物，而社会在这个对象中对人来说成为本质的时候，这种情况才是可能的。//

//因此，一方面，随着对象性的现实在社会中对人来说到处成为人的本质力量的现实，成为人的现实，因而成为人自己的本质力量的现实，一切对象对他来说也就成为他自身的对象化，成为确证和实现他的个性的对象，成为他的对象，这就是说，对象成为他自身。对象如何对他来说成为他的对象，这取决于对象的性质以及与之相适应的本质力量的性质；因为正是这种关系的规定性形成一种特殊的、现实的肯定方式。眼睛对对象的感觉不同于耳朵，眼睛的对象是不同于耳朵的对象的。每一种本质力量的独特性，恰好就是这种本质力量的独特的本质，因而也是它的对象化的独特方式，是它的对象性的、现实的、活生生的存在的独特方式。因此，人不仅通过思维，[VIII] 而且以全部感觉在对象世界中肯定自己。

另一方面，即从主体方面来看：只有音乐才激起人的音乐感；对于没有音乐感的耳朵来说，最美的音乐也毫无意义，不是对象，因为我的对象只能是我的一种本质力量的确证，就是说，它只能像我的本质力量作为一种主体能力自为地存在着那样才对我而存在，因为任何一个对象对我的意义（它只是对那个与它相适应的感觉来说才有意义）恰好都以我的感觉所及的程度为限。因此，社会的人的感觉不同于非社会的人的感觉。只是由于人的本质客观地展开的丰富性，主体的、人的感性的丰富性，如有音乐感的耳朵、能感受形式美的眼睛，总之，那些能成为人的享受的感觉，即确证自己是人的本质力量的感觉，才一部分发展起来，一部分产生出来。因为，不仅五官感觉，而且连所谓精神感觉、实践感觉（意志、爱等等），一句话，人的感觉、感觉的人性，都是由于它的对象的存在，由于人化的自然界，才产生出来的。

五官感觉的形成是迄今为止全部世界历史的产物。囿于粗陋的实际需要的感觉，也只具有有限的意义。//对于一个忍饥挨饿的人来说并不存在人的食物形式，而只有作为食物的抽象存在；食物同样也可能具有最粗糙的形式，而且不能说，这种进食活动与动物的进食活动有什么不同。忧心忡忡的、贫穷的人对最美丽的景色都没有什么感觉；经营矿物的商人只看到矿物的商业价值，而看不到矿物的美和独特性；他没有矿物学的感觉。因此，一方面为了使人的感觉成为人的，另一方面为了创造同人的本质和自然界的本质的全部丰富性相适应的人的感觉，无论从理论方面还是从实践方面来说，人的本质的对象化都是必要的。

通过私有财产及其富有和贫困——或物质的和精神的富有和贫困——的运动，正在生成的社会发现这种形成所需的全部材料；//同样，已经生成的社会创造着具有人的本质的这种全部丰富性的人，创造着具有丰富的、全面而深刻的感觉的人作为这个社会的恒久的现实。——//

我们看到，主观主义和客观主义，唯灵主义和唯物主义，活动和受动，只是在社会状态中才失去它们彼此间的对立，从而失去它们作为这样的对立面的存在；我们看到，//理论的对立本身的解决，只有通过实践方式，只有借助于人的实践力量，才是可能的；因此，这种对立的解决绝对不只是认识的任务，而是现实生活的任务，而哲学未能解决这个任务，正是因为哲学把这仅仅看做理论的任务。——//

//我们看到，工业的历史和工业的已经生成的对象性的存在，是一本打开了的关于人的本质力量的书，是感性地摆在我们面前的人的心理学；对这种心理学人们至今还没有从它同人的本质的联系，而总是仅仅从外在的有用性这种关系来理解，因为在异化范围内活动的人们仅仅把人的普遍存在，宗教，或者具有抽象普遍本质的历史，如政治、艺术和文学等等，[IX]理解为人的本质力量的现实性和人的类活动。在通常的、物质的工业中（人们可以把这种工业理解为上述普遍运动的一部分，正像可以把这个运动本身理解为工业的一个特殊部分一样，因为全部人的活动迄今为止都是劳动，也就是工业，就是同自身相异化的活动），人的对象化的本质力量以感性的、异己的、有用的对象的形式，以异化的形式呈现在我们面前。如果心理学还没有打开这本书即历史的这个恰恰最容易感知的、最容易理解的部分，那么这种心理学就不能成为内容确实丰富的和真正的科学。//如果科学从人的活动的如此广泛的丰富性中只知道那种可以用"需要"、"一般需要！"的话来表达的东西，那么人们对于这种高傲地撇开人的劳动的这一巨大部分而不感觉自身不足的科学究竟应该怎样想呢？——

自然科学展开了大规模的活动并且占有了不断增多的材料。而哲学对自然科学始终是疏远的，正像自然科学对哲学也始终是疏远的一样。过去把它们暂时结合起来，不过是离奇的幻想。存在着结合的意志，但缺少结合的能力。甚至历史编纂学也只是顺便地考虑到自然科学，仅仅把它看做是启蒙、有用性和某些伟大发现的因素。然而，自然科学却通过工业日益在实践上进入人的生活，改造人的生活，并为人的解放作准备，尽管它不得不直接地使非人化充分发展。工业是自然界对人，因而也是自然科学对人的现实的历史关系。因此，如果把工业看成人的本质力量的公开的展示，那么自然界的人的本质，或者人的自然的本质，也就可以理解了；因此，自然科学将抛弃它的抽象物质的方向，或者更确切地说，是抛弃唯心主义方向，从而成为人的科学的基础，正像它现在已经——尽管以异化的形式——成了真正人的生活的基础一样；说生活还有别的什么基础，科学还有别的什么基础——这根本就是谎言。//在人类历史中即在人类社会的形成过程中生成的自然界，是人的现实的自然界；因此，通过工业——尽管以异化的形式——形成的自然界，是真正的、人本学的自然界。——//

感性（见费尔巴哈）必须是一切科学的基础。科学只有从感性意识和感性需要这两种形式的感性出发，因而，科学只有从自然界出发，才是现实的科学。① 可见，全部历史是为了使"人"成为感性意识的对象和使"人作为人"的需要成为需要而作准备的历史（发展的历史）②。历史本身是自然史的一个现实部分，即

① 路·费尔巴哈《关于哲学改革的临时纲要》（《德国现代哲学和政论界轶文集》1843年苏黎世—温特图尔版第2卷第84—85页）以及《未来哲学原理》1843年苏黎世—温特图尔版第58—70页。——编者注

② 手稿中"发展的历史"写在"作准备的历史"的上方。——编者注

自然界生成为人这一过程的一个现实部分。自然科学往后将包括关于人的科学，正像关于人的科学包括自然科学一样：这将是一门科学。[X] 人是自然科学的直接对象；因为直接的感性自然界，对人来说直接是人的感性（这是同一个说法），直接是另一个对他来说感性地存在着的人；因为他自己的感性，只有通过别人，才对他本身来说是人的感性。但是，自然界是关于人的科学的直接对象。人的第一个对象——人——就是自然界、感性；而那些特殊的、人的、感性的本质力量，正如它们只有在自然对象中才能得到客观的实现一样，只有在关于自然本质的科学中才能获得它们的自我认识。思维本身的要素，思想的生命表现的要素，即语言，具有感性的性质。自然界的社会的现实和人的自然科学或关于人的自然科学，是同一个说法。——

//我们看到，富有的人和人的丰富的需要代替了国民经济学上的富有和贫困。富有的人同时就是需要有人的生命表现的完整性的人，在这样的人的身上，他自己的实现作为内在的必然性、作为需要而存在。不仅人的富有，而且人的贫困，——在社会主义的前提下——同样具有人的因而是社会的意义。贫困是被动的纽带，它使人感觉到自己需要的最大财富是他人。因此，对象性的本质在我身上的统治，我的本质活动

的感性爆发，是激情，从而激情在这里就成了我的本质的活动。——//

（5）任何一个存在物只有当它用自己的双脚站立的时候，才认为自己是独立的，而且只有当它依靠自己而存在的时候，它才是用自己的双脚站立的。靠别人恩典为生的人，把自己看成一个从属的存在物。但是，如果我不仅靠别人维持我的生活，而且别人还创造了我的生活，别人还是我的生活的泉源，那么我就完全靠别人的恩典为生；如果我的生活不是我自己的创造，那么我的生活就必定在我自身之外有这样一个根源。因此，创造［*Schöpfung*］是一个很难从人民意识中排除的观念。自然界的和人的通过自身的存在，对人民意识来说是不能理解的，因为这种存在是同实际生活的一切明显的事实相矛盾的。

大地创造说，受到了地球构造学即说明地球的形成、生成是一个过程、一种自我产生的科学的致命打击。自然发生说是对创世说［*Schöpfungstheorie*］的唯一实际的驳斥。

现在对单个人讲讲亚里士多德已经说过的下面这句话，当然是容易的：你是你父亲和你母亲所生；这就是说，两个人的交媾即人的类行为生产了你这个人。① 这样，你看到，人的肉体的存在也要归功于人。因此，你应该不是仅仅注意一个方面即无限的过程，由于这个过程你会进一步发问：谁生出了我的父亲？谁生出了他的祖父？等等。你还应该紧紧盯住这个无限过程中的那个可以通过感觉直观的循环运动，由于这个运动，人通过生儿育女使自身重复出现，因而人始终是主体。

但是，你会回答说：我向你承认这个循环运动，那么你也要向我承认那个无限的过程，那个过程驱使我不断追问，直到我提出问题：谁生出了第一个人和整个自然界？

我只能对你作如下的回答：你的问题本身就是抽象的产物。请你问一下自己，你是怎样想到这个问题的；请你问一下自己，你的问题是不是来自一个因为荒谬而使我无法回答的观点。请你问一下自己，那个无限的过程本身对理性的思维来说是否存在。既然你提出自然界和人的创造问题，你也就把人和自然界抽象掉了。你设定它们是不存在的，你却希望我向你证

---

① 参看亚里士多德《形而上学》第 8 卷第 4 章。有关论述还可参看黑格尔《自然哲学讲演录》1842 年柏林版第 2 部分第 646—647 页。——编者注

明它们是存在的。那我就对你说：放弃你的抽象，你也就会放弃你的问题，或者，你想坚持自己的抽象，你就要贯彻到底，如果你设想人和自然界是不存在的，[XI] 那么你就要设想你自己也是不存在的，因为你自己也是自然界和人。不要那样想，也不要那样向我提问，因为一旦你那样想，那样提问，你就会把自然界的存在和人的存在抽象掉，这是没有任何意义的。也许你是个设定一切都不存在，而自己却想存在的利己主义者吧？

你可能反驳我：我并不想设定自然界等等不存在；我是问你自然界的形成过程，正像我问解剖学家骨骼如何形成等等一样。

但是，因为对社会主义的人来说，整个所谓世界历史不外是人通过人的劳动而诞生的过程，是自然界对人来说的生成过程，所以关于他通过自身而诞生、关于他的形成过程，他有直观的、无可辩驳的证明。因为人和自然界的实在性，即人对人来说作为自然界的存在以及自然界对人来说作为人的存在，已经成为实际的、可以通过感觉直观的，所以关于某种异己的存在物、关于凌驾于自然界和人之上的存在物的问题，即包含着对自然界的和人的非实在性的承认的问题，实际上已经成为不可能的了。无神论，作为对这种非实在性的否定，已不再有任何意义，因为无神论是对神的否定,并且正是通过这种否定而设定人的存在;但是,社会主义作为社会主义已经不再需要这样的中介;它是从把人和自然界看做本质这种理论上和实践上的感性意识开始的。社会主义是人的不再以宗教的扬弃为中介的积极的自我意识,正像现实生活是人的不再以私有财产的扬弃即共产主义为中介的积极的现实一样。共产主义是作为否定的否定的肯定,因此,它是人的解放和复原的一个现实的、对下一段历史发展来说是必然的环节。共产主义是最近将来的必然的形态和有效的原则,但是,这样的共产主义并不是人类发展的目标,并不是人类社会的形态。——

——节选自《马克思恩格斯文集》第1卷,人民出版社2009年版,第155—197页。

后　记

在写这本小册子的时候，"共产主义"在微信上小火了一把，成为争论的热点问题。这场争论把很多人遗忘、怀疑甚至背叛的——原谅我用这些词——"共产主义"，重新拉回到一些人的视野中，重新在一些人平淡而贫乏——请继续原谅——的思想深处激起了涟漪。

我做了两件事，第一件事是把我早就写好的名为《物的哲学、资本逻辑与共产主义的新解》的学术论文投了出去，第二件事就是加快了写作这本小册子的进度。我想让这本小册子成为应景之作，参与到人们热烈讨论的行列中。

这种想法可能被批之为"追赶时髦"。我却认为，在这个时代做哲学，需要表面的媚俗，实质的高雅。要讲大家都关心的话题，用吸引人们的标题，实质上要说的却是大家所不知道的，甚至是所看不懂的。

　　做哲学，需要去触碰淤泥而不染。因为进入现实的泥潭中，说不定能从中找到学术生长的营养。连点泥土都不去碰，怎么能接地气？

　　我相信，"共产主义"成为热门话题，无论是批判它，还是为它辩护，都表明了我们这个时代的进步。一种信仰，尤其是一种政治信仰或社会信仰，如果没有建立在理性反思的基础上，没有经过充分的怀疑，这个信仰就很难成为真正的信仰。

　　如今，我们有机会、有能力、有热情去理性地思考共产主义，更需要翻开《1844 年经济学哲学手稿》，看看马克思对共产主义最早的系统论述，弄清楚共产主义最初的轮廓。

　　你可能会惊讶，原来自以为对共产主义熟知的我们，其实并没有真知。面对自己的无知，愚蠢的人才会选择骄傲，明智的人则会选择谦虚，选择好好学习。

陈培永

2015 年 12 月于北京西长安街 5 号

2022 年 8 月修订于北京大学燕北园